超级电影课

控制情绪　学会交往

主编

杨爱君　王晓琳

编著

李武铭　褚斌

中原出版传媒集团
中原传媒股份公司

大象出版社

·郑州·

图书在版编目(CIP)数据

超级电影课.控制情绪　学会交往/李武铭，褚斌编著.— 郑州：大象出版社，2024.6
(中小学德育影视课程丛书/杨爱君，王晓琳主编)
ISBN 978-7-5711-1906-5

Ⅰ.①超… Ⅱ.①李… ②褚… Ⅲ.①德育-中小学-教学参考资料②电影-鉴赏-中小学-教学参考资料 Ⅳ.①G631

中国国家版本馆 CIP 数据核字(2023)第 210104 号

中小学德育影视课程丛书

超级电影课：控制情绪　学会交往

李武铭　褚　斌　编著

出 版 人	汪林中
策　　划	梁金蓝
责任编辑	连　冠
责任校对	牛志远
装帧设计	王　敏

出版发行	大象出版社(郑州市郑东新区祥盛街27号　邮政编码450016)
	发行科　0371-63863551　总编室　0371-65597936
网　　址	www.daxiang.cn
印　　刷	河南新华印刷集团有限公司
经　　销	各地新华书店经销
开　　本	720 mm×1020 mm　1/16
印　　张	13.25
字　　数	168 千字
版　　次	2024年6月第1版　2024年6月第1次印刷
定　　价	48.00 元

若发现印、装质量问题，影响阅读，请与承印厂联系调换。
印厂地址　郑州市经五路12号
邮政编码　450002　　电话　0371-65957865

目　录

中小学德育影视课程的设计与策划说明 /1

小学中段（三、四年级）德育影视课程的设计说明 /12

第一板块　自我认同与心理健康 /1

相信自己，创造奇迹　电影《奇迹男孩》/3

迎接挑战，突破自我　电影《疯狂原始人》/15

学会独立，冒险之旅　电影《绿野仙踪》/27

呵护童真，守护成长　电影《寻找声音的耳朵》/33

回归自然，寻找本心　电影《麦豆的夏天》/43

第二板块　传统文化与家国情怀 /51

汉字文化，中国故事　电影《三十六个字》/53

仁爱孝悌，和睦相处　电影《少年闵子骞》/62

积极主动，不被定义　电影《哪吒之魔童降世》/71

学习小英雄，铸就爱国心　电影《鸡毛信》/80
坚守信念，义无反顾　电影《风语咒》/89

第三板块　自然伦理与生态文明 /97

永不放弃，爱在心底　电影《海底总动员》/99
尊重生命，关爱自然　电影《雪人奇缘》/106
融入自然，自在飞翔　电影《蝴蝶》/116
善待生命，和谐相处　电影《熊猫回家路》/128
自然伦理，生态文明　电影《河童之夏》/136

第四板块　价值体认与理想信念 /145

桃桃别哭，有人守护　电影《路灯下的小女孩》/147
接受不同，理解包容　电影《E.T.外星人》/155
认同协作，敬畏生命　电影《霍顿与无名氏》/161
坚守正义，打破偏见　电影《疯狂动物城》/170
一国之徽，国之象征　电影《国徽》/181

后　记 /191

中小学德育影视课程的设计与策划说明

一、课程的指导思想

电影作为一种文化媒介，具有强大的表现力与艺术感染力，蕴含着娱乐、审美、教育等多种功能。对于世界观、人生观、价值观正在形成的中小学生来说，电影的影响力尤为显著。正是基于这种认识，我们着手编写了中小学德育影视课程。该课程以《中小学德育工作指南》《关于加强中小学影视教育的指导意见》等文件为指导，以优秀的影视作品为依托，旨在弘扬传统文化、革命文化和社会主义先进文化，助力学生成长。在构建课程的过程中，我们充分借鉴了教育学和心理学的研究成果，所选影片兼具经典性与可观性，契合了学生年龄特点和心理趋向。整个课程旨在引导学生在与自我、与他人、与社会、与自然、与文化的对话中厘清困惑，内化责任意识，增强"四个自信"，为学生全面发展和终身发展奠定坚实的思想基础。

二、中小学影视课程的现状

2018年11月，教育部、中共中央宣传部联合印发了《关于加强中小影视教育的指导意见》(以下简称《意见》)。《意见》明确指出：力争用3—5年时间，全国中小学影视教育基本普及，形成中小学影视教育的浓厚氛围。

当前，各级教育行政管理部门、一线中小学校长与教师都已认识到影视教育的重要性，开展了形式多样的影视教育探索。但就整体而言，电影课程还是一种新生事物，目前尚处于萌芽阶段。表面看来，影视教育呈百家争鸣、百花齐放的蓬勃发展之势，但实际上还存在许多不容忽视的问题，主要体现在以下几个方面。

1. 忽视对电影教育价值的挖掘。不少学校和家庭仅仅看到了电影的娱乐价值，没有充分发掘影片中蕴含的教育价值。

2. 影片的选择带有盲目性。许多学校和家庭在选择电影时比较随意，通常选择当下好评多、票房高的电影，没有充分考虑不同年龄阶段孩子的心理特点与成长规律。

3. 课程内容缺乏整体规划，教学方式缺乏创新。

4. 影视课程开展的时间难以保障，硬件设备、观影场所等都具有一定局限性。

5. 电影资源获取渠道逼仄，难以获取高品质的影片资源。

如何正确认识中小学电影课程的内涵及价值，如何构建一个符合学生认知特点和成长规律的德育影视课程体系，是值得探讨的问题。

三、中小学德育影视课程的内涵

德育影视课程是指以优秀影视作品为主要媒介，围绕学生习惯与品德养成，结合班级管理中出现的阶段性和普遍性问题开展的集观影、交流和实践于一体的综合性实践课程。德育影视课程的形式灵活多样，可以精选一部电影进行主题探讨，也可以根据同一主题剪辑几部相关电影片段进行串接，在对比中实现对该主题全面深入的理解。学校不是开展影视教育的唯一阵地，家校合作可以有效提升德育效果。

四、中小学德育影视课程的开发依据

（一）政策依据

2017年8月，教育部印发了《中小学德育工作指南》（以下简称《指南》）。《指南》是指导中小学德育工作的纲领性文件，也是中小学德育影视课程的政策依据，规范着本课程的目标设定和内容选择。

在《指南》中，中小学德育总体目标被表述为："培养学生爱党爱国爱人民，增强国家意识和社会责任意识，教育学生理解、认同和拥护国家政治制度，了解中华优秀传统文化和革命文化、社会主义先进文化，增强中国特色社会主义道路自信、理论自信、制度自信、文化自信，引导学生准确理解和把握社会主义核心价值观的深刻内涵和实践要求，养成良好政治素质、道德品质、法治意识和行为习惯，形成积极健康的人格和良好心理品质，促进学生核心素养提升和全面发展，为学生一生成长奠定坚实的思想基础。"德育目标一方面体现着我国教育以立德树人为根本任务的总体方向，体现着思想道德、理想信念和价值观念的先进性；另一方面尊重学生的认知发展特点和思想道德实际，从学生的社会生活、道德生活、法律生活、政治生活等多方面提出要求，尊重学生的社会生活实际，使德育目标具有可行性，不断提高中小学生的公共道德水平和社会参与能力。

依据德育目标，《指南》将德育内容分为五个大项，十六个小项。这五个大项分别是：理想信念教育、社会主义核心价值观教育、中华优秀传统文化教育、生态文明教育、心理健康教育。

《指南》提及的德育目标和德育内容，将作为中小学德育影视课程的重要设计依据。

(二) 理论依据

中小学德育影视课程在影片选择上有着明显的层级性与阶梯性。这种层级性有其内在的教育心理学依据。主要依据有两个：一个是皮亚杰的道德发展理论，一个是科尔伯格的道德发展阶段理论。

瑞士儿童心理学家皮亚杰是认知心理学的代表人物，他根据儿童对规则的理解和使用，把儿童道德认知发展划分为四个有序的阶段。

第一阶段：前道德阶段（0—3岁）。

第二阶段：他律道德阶段或道德实在论阶段（3—7岁）。

第三阶段：自律或合作道德阶段（7—12岁）。

第四阶段：公正道德阶段（12岁以后）。

科尔伯格的道德发展理论受到皮亚杰观点的影响，被称为皮亚杰在道德发展领域的继承人。

1. 前习俗水平，分为惩罚与服从的道德定向阶段和朴素的利己主义定向阶段。处于这一水平的个体还没有内在的道德标准，他们的道德判断取决于外在的要求。

2. 习俗水平，分为"好孩子"定向阶段和维护权威或秩序的道德定向阶段。这一水平上的儿童有了满足社会的愿望，这时他们能够从社会成员的角度来思考道德问题，比较关心别人的需要。了解、认识社会行为规范，并遵守、执行这些规范。

3. 后习俗水平，分为社会契约的定向阶段和普遍的伦理原则的定向阶段。处于这一水平的个体在努力脱离掌握原则的集团或个人的权威，并不把自己和这种集团视为一体，而是以普遍的道德原则和良心为行为的基本准则。

德育影视课程正是基于以上两种理论，针对不同阶段学生道德养成的内在规律来选择影片、设计活动。

五、中小学德育影视课程的内容构成

中小学德育影视课程以《指南》为指引，涵盖了从小学一年级到高中三年级各个学段，在整体框架上大致分为三阶段九阶梯。每一阶段参照个体与自我、个体与社会、个体与自然、个体与文化四个维度，设置自我认同与心理健康、传统文化与家国情怀、自然伦理与生态文明、价值体认与理想信念四大板块。因为影视资源和《指南》的具体内容缺乏清晰明确的对应性，因此在设计中小学德育影视课程的时候，我们只是参照了《指南》中的德育目标和内容框架，具体内容的设计还需结合学生的年龄特点、影视资源的特质进行。

（一）自我认同与心理健康

自我认同是心理健康的重要标志。除此之外，具备健康心理的人还能够在人际交往中适当把控个人情绪，能够不断适应外部环境，对自己的人生具有一定的规划。

（二）传统文化与家国情怀

该板块旨在引导学生正确处理个人与他人、个人与社会的关系；形成乐于奉献、热心公益慈善的良好风尚；不断增强学生的国家认同，形成爱国情感，树立民族自信；形成为实现中华民族伟大复兴的中国梦而不懈努力的共同理想追求；引导学生明辨是非、遵纪守法、坚忍豁达、奋发向上；积极争做知荣辱、守诚信、敢创新的中国人。

（三）自然伦理与生态文明

该板块旨在引导学生了解祖国的大好河山和地理地貌，认识大自然，学会与大自然和谐相处，树立尊重自然、顺应自然、保护自然的发展理念，按照自然规律办事，增强保护环境的自觉性；知道人与自然应该构建和谐共生、良性循环、持续发展的自然伦理形态，树立可持续发展观念，养成勤俭节约、低碳环保、自觉劳动的生活习惯，形成健康文明的生活方式。

（四）价值体认与理想信念

该板块旨在引导学生树立社会主义核心价值观，继承革命传统，传承红色基因，不断树立为共产主义远大理想和中国特色社会主义共同理想而奋斗的信念和信心。

六、各学段课程的设计说明

（一）小学低段

幼儿园的生活以游戏为主，小学阶段则以学习为主。一、二年级的孩子正处于这一过渡阶段。从皮亚杰的道德发展理论看，这个阶段孩子的道德发展经历了一个从自我中心阶段向外在权威阶段过渡的过程。如果按照科尔伯格的道德发展阶段理论，一年级的学生道德水准处于"我不想找麻烦"这一层级上，即处在对外在规则的被动遵守阶段；二年级学生则在一年级的基础上，渐次提升为"我想得到表扬"，即孩子希望通过自己的努力得到外在的肯定与赞赏。这一阶段的孩子整体上还处于他律期，其行为具有很大的可塑性。在学情上，新的学习环境会对一年级的孩子产生重大影响，在规范其行为的同时，很容易引发学生的安全危机，导致心理焦虑。因此，帮助学生排解因安全感不足导致的心理焦虑，引领学生养成良好的学习习惯和生活习惯成为这个阶段道德养成教育的核心任务。

学段	类属板块	主题	电影
小学低段	自我认同与心理健康	讲卫生	《小红脸和小蓝脸》
		明是非	《狐狸送葡萄》
		控情绪	《没头脑和不高兴》
		向美好	《小绳子》
		好整洁	《邋遢大王奇遇记》
		讲诚信	《匹诺曹》
	传统文化与家国情怀	知节日	《除夕的故事》
		有爱心	《雪孩子》
		明责任	《神笔马良》
		确身份	《小兵张嘎》
		守良善	《渔童》
	自然伦理与生态文明	理性看待世界	《超级肥皂》
		了解自然韵律	《昆虫总动员》
		保护自然环境	《潜艇总动员：海底两万里》
		初晓自然伦理	《芬格里：最后的雨林》
	价值体认与理想信念	理解亲情	《宝莲灯》
		学习合作	《三个和尚》
		感受责任	《妈妈咪鸭》
		初识梦想	《狮子王》
		学习英雄	《冲锋号》

(二) 小学中段

父母们应该都有这样的经历：许多孩子在一、二年级时还是个纯纯正正的孩子，也就是我们平常所说的"小孩儿"。进入三年级后好像突然长大了、顿悟了，说话做事也开始一板一眼起来。在这个阶段，孩子的学习习惯、学习态度等逐渐趋于稳定。如果这两年间有些不良习惯没有得到及时纠正，就会埋下很大的隐患。我们精选了 20 部电影，这些电影不仅让孩子学会悦纳自我、坚定理想信念，而且能够直面问题，进行自我管理。

学段	类属板块	主题	电影
小学中段	自我认同与心理健康	悦纳自己	《奇迹男孩》
		突破自我	《疯狂原始人》
		崇尚美好	《绿野仙踪》
		适应环境	《寻找声音的耳朵》
		学会交往	《麦豆的夏天》
	传统文化与家国情怀	了解传统	《三十六个字》
		敬亲睦友	《少年闰子骞》
		明辨是非	《哪吒之魔童降世》
		学习英雄	《鸡毛信》
		扫除邪恶	《风语咒》
	自然伦理与生态文明	认识物种多样	《海底总动员》
		树立环境意识	《雪人奇缘》
		理解和谐共生	《蝴蝶》
		主动保护动物	《熊猫回家路》
		审视人类行为	《河童之夏》
	价值体认与理想信念	直面挫折	《路灯下的小女孩》
		助人为乐	《E.T. 外星人》
		乐于合作	《霍顿与无名氏》
		捍卫正义	《疯狂动物城》
		国家认同	《国徽》

(三) 小学高段

五年级学生开始进入少年期,身心的发展正处在由幼稚趋向自觉、由依赖趋向独立的半幼稚半成熟交错的矛盾时期。六年级是小学到初中的一个转折点,六年级的学习既要做好小学六年的知识巩固与复习,又要开始接触初中的一些知识。心理和学习上都会有很大压力,学会合理安排和规划自己的生活是极为重要的。德育目标与中段一脉相承,只是在内容上具有渐进性。

高段的德育内容涉及家国教育、传统文化、民族精神、规则规范、劳动教育、意志品质、心理教育等多个方面。

学段	类属板块	主题	电影
小学高段	自我认同与心理健康	心怀希望	《流浪地球》
		超越自我	《天上掉下个琳妹妹》
		积极创造	《听见天堂》
		回归自我	《西游记之大圣归来》
		珍爱生命	《寻梦环游记》
	传统文化与家国情怀	继承传统	《毡匠和他的女儿》
		追求梦想	《旋风女队》
		直面困境	《惊心动魄》
		仰慕英雄	《烈火英雄》
		心怀家国	《我和我的祖国》
	自然伦理与生态文明	感受地球神奇	《我们在这里：生活在地球上的注意事项》
		理解依存关系	《我们诞生在中国》
		关注环境问题	《蜂蜜之地》
		理解环境灾难	《海洋》
		主动参与环保	《二月泉》
	价值体认与理想信念	追求自由	《少年斯派维的奇异旅行》
		崇尚民主	《十二公民》
		互相成就	《夏洛特的网》
		坚守正义	《穿靴子的猫》
		追逐梦想	《大鱼》

（四）初中学段

初中学段是学生思维发展、品德发展的质变期，从心理学的角度来说，孩子们面临着叛逆和青春期等重大问题的挑战。初中学段德育影视的任务是通过理想与信仰、坚守与放弃、努力和坚持、理解青春等丰富的主题，引导学生形成直面现实、勇于接受挑战的心理品质。

学段	类属板块	主题	电影
初中学段	自我认同与心理健康	恰当的异性交往	《怦然心动》
		巧妙的亲子沟通	《勇敢传说》
		和睦的家庭关系	《狗十三》
		自信的个人追求	《红衣少女》
		积极的勇于探索	《鹬》
	传统文化与家国情怀	知荣辱	《我的1919》
		立志气	《夺冠》
		学党史	《建党伟业》
		晓过去	《末代皇帝》
		爱国家	《金刚川》
	自然伦理与生态文明	物种多样	《海洋奇缘》
		持续发展	《十八洞村》
		珍爱生命	《唐山大地震》
		和谐共生	《阿凡达》
		守护家园	《南方的野兽》
	价值体认与理想信念	自立自强	《钢琴家》
		明辨是非	《完美的世界》
		立己达人	《秋之白华》
		信守承诺	《一个都不能少》
		价值体认	《孙子从美国来》

(五)高中学段

从人的身心发展来看，高中生在身体发育成熟的同时，自我意识明显增强，独立思考和处理事情的意识与能力不断加强与提升，初步的世界观、人生观、价值观快速形成。高中学生一方面在心理和行为上表现出强烈的自主性，另一方面对升学和专业的选择进入预备期，他们开始面对越来越重要的模拟考试和综合考试排名。随着高考日期的临近，他们升入大学尤其是升入好大学的愿望越来越强烈，心理压力越来越大，情绪波动比较大，这一时期是心理问题的高发期。从中小学德育的发展目标来看，这一时期在加强学生心理疏导的同时，重点应放在人生规划方面，加强正确的人生观和理想信念等方面的人文教育，培养其科学、理性的思维方式，给予其更多的关于人生规划和职业选择的指导，帮助其形成正确的世界观、人生观和价值观，以明确努力的方向。

学段	类属板块	主题	电影
高中学段	自我认同与心理健康	认识自我	《楚门的世界》
		生命尊严	《爆裂鼓手》
		尊师守纪	《老师·好》
		解放心灵	《心灵捕手》
		逆境觉醒	《逆光飞翔》
	传统文化与家国情怀	文化典籍	《敦煌》
		立己达人	《功夫》
		责任担当	《黑骏马》
		为国争光	《横空出世》
		崇德弘毅	《平原上的夏洛克》
	自然伦理与生态文明	生态现状	《三峡好人》
		守护行动	《勇往直前》
		乡土情怀	《无言的山丘》
		人与生态	《塬上》
		人类命运	《驭风男孩》
	价值体认与理想信念	诚实守信	《信·守》
		相信未来	《阿甘正传》
		社会责任	《攀登者》
		坚韧向上	《百万美元宝贝》

小学中段（三、四年级）德育影视课程的设计说明

父母们应该都有这样的经历：许多孩子在一、二年级时还是个纯纯正正的孩子，也就是我们通俗意义上说的"小孩儿"。进入三年级后好像突然长大了、顿悟了，说话做事也开始一板一眼起来。在这个阶段，孩子的学习习惯、学习态度等逐渐趋于稳定。如果这两年间有些不良习惯没有得到及时纠正，就会埋下很大的隐患。另外，从学业的角度讲，三、四年级学习内容难度增加，如果不注意平时的知识积累、个人学习方法的形成，很容易在学业竞争中"受伤"。

从心理学的角度讲，这一阶段的学生在心理上主要有以下表现：

1. 个体差别大。三、四年级的小学生个体差异逐渐显现，在智力、性格、情绪以及自我认识等方面的发展出现差异。有的学生善于学习，有的学习能力较弱；有的学生思维与认知发展突飞猛进，有的在身体发育和运动能力上有长足发展。

2. 情绪不稳定。三、四年级的小学生喜欢与伙伴共同游戏、学习，但情绪容易激动、冲动，情绪变化极大，并且表露在外，心情的好坏大多数从脸上一望便知。

3. 自控力不强。此阶段的孩子会出现一种强烈要求独立和摆脱成人控制

的欲望，他们的性格特征中也会表现出明显的独立性，但是内部的自控能力又尚未发展起来，他们还不能有效地调节和控制自己的日常行为，有时会做出一些盲目而冲动的行为。

4. 逆反。有的孩子希望家长、老师把他们当大孩子看，当这种需要得不到满足时也会产生逆反心理。当孩子逆反心理得不到及时矫正，可能发展成为逆反习惯，即不假思索地与别人唱反调。

5. 意志薄弱。三、四年级是学生意志发展的关键期。由于这个阶段学习活动的巨大变化，不少学生的学习方式不能适应新的学习任务的要求，他们在学习中碰到许多困难，影响他们的学习效果。如果这些困难产生累积效应，孩子便会受到严重的心理创伤，会偏向于悲观地评价自己的能力，降低对自己的期望，产生畏难情绪。

从道德发展的角度讲，这一时期的儿童处于从前习俗水平向习俗水平的过渡阶段。孩子逐渐对自己有所认识，逐渐养成规则意识，行为更具自主性，对外在评价重视程度较低年级时轻。

《中小学德育工作指南》对小学中段的德育目标界定为：教育和引导学生热爱中国共产党、热爱祖国、热爱人民，了解家乡发展变化和国家历史常识，了解中华优秀传统文化和党的光荣革命传统，理解日常生活的道德规范和文明礼貌，初步形成规则意识和民主法治观念，养成良好生活和行为习惯，具备保护生态环境的意识，形成诚实守信、友爱宽容、自尊自律、乐观向上等良好品质。

我们依据三、四年级学生的心性特点和德育要求，设计了本册德育影视课程。

第一板块 自我认同与心理健康

01 悦纳自己

02 突破自我

03 崇尚美好

04 适应环境

05 学会交往

相信自己，创造奇迹
电影《奇迹男孩》

□ 延惠芳（山东省东营市河口区仙河镇中心小学）

导演：斯蒂芬·卓博斯基

类型：剧情／家庭／儿童

制片国家／地区：美国／中国

上映年份：2017年

 **德育主题**

所有人都无法选择自己的出生，但是每个人都可以选择如何面对生活，创造不一样的人生。每个人都会有自己的缺陷，在成长的过程中都会因此遇到无数挑战，如何接纳缺陷，勇敢面对挑战，是与我们人生相伴的主题。作为小学中段的孩子，如何接纳不完美的自己，更好地继续追逐梦想，具有十分重要的现实意义。所以，我们选择了《奇迹男孩》这部电影，用一个真实的故事呈现成长过程中的各种困惑与挣扎，让学生在观影中领悟如何认识、接纳和塑造自己，如何度过自己与众不同的一生。

 **电影赏读**

一、情节回顾

奥吉患有先天性遗传病——颌面骨发育不全及耳聋综合征，一出生就五官畸形，甚至不能拥有正常的视觉、嗅觉和听觉。经历了27次整容手术后，奥吉又遇到了一个严峻的挑战——到学校上学。

在入学前的访校活动中，塔什曼校长告诉奥吉，学校未来有科学竞赛和自然保护区旅行这样的精彩活动，期待他的加入。他还安排了三个不同类型的学生布置了迎新活动，在参观了教室、食堂和科学教室后，奥吉决定去上学。

上学的第一天很难熬，奥吉带着头盔，在家人的陪伴下，走到了学校门口。爸爸完成了关键的一步——帮奥吉摘下了头盔，奥吉就开始面对最真实的世界了。第一天放学后，奥吉闷闷不乐地走出校园，带上了头盔，一回家便剪掉了自己的学徒小辫，还在晚餐中和全家人发脾气。奥吉因为长相，在学校被其他同学歧视了，这对他来说很难过。妈妈决定和他谈谈。在妈妈眼中，奥吉并不丑陋，而奥吉所经历的磨难，其实都变成了妈妈脸上的皱纹。我们每个人脸上都有印记，这些"地图"会为我们指引方向，而这"地图"，标记着我们去过的地方。它绝对不是丑陋的。奥吉理解了这些话，从而成功闯过了上学第一天的关口。

最能帮助奥吉适应学校生活的是杰克威尔，他因为擅长打橄榄球而享受奖学金，从而进入了这所私立学校。他用儿童的纯真，感受到了奥吉面孔后面的真诚与聪明，他第一个和奥吉一起同桌吃饭，还用开玩笑的方式，化解了奥吉吃饭时的不熟练。奥吉也是在杰克威尔的陪伴下渐渐成长，可以和朋友一起随意打闹，放肆欢笑，在很短的时间，奥吉和杰克威尔就成了最好的朋友。

转眼到了万圣节，这是奥吉最喜欢的节日，他可以从容带着面具和所有正常的孩子一样，享受节日的快乐。但当他走入教室的时候，他听到了杰克威尔对自己的评价，病症发作，在学校呕吐起来。这一次帮他渡过难关的是姐姐薇娅。姐姐分享了她上高中后的困惑，因为感同身受，奥吉平复了白天的委屈，并和姐姐到街上去索要糖果，分享万圣节的快乐。

从万圣节后，奥吉就不再理杰克威尔了，因为那种背后的坏话，甚至可以说是背叛。从此，坐在奥吉对面的朋友变成了莎茉，她填补了奥吉友情的空白。他们二人还相约圣诞节滑雪，恰好杰克威尔也到了那里。

薇娅的话剧要公演了，但是因为误会，妈妈不想带奥吉去看话剧，奥吉甚至认为是薇娅不想因为他的面孔丢脸。这时，家里的爱犬黛西去世，爸爸一个人在深夜伤心哭泣，让奥吉彻底改变了想法。每次奥吉到医院做手术，黛西都会在家门口等他，黛西是奥吉真正的朋友，而真正的朋友是很难找的。

杰克威尔后来主动在《我的世界》中向奥吉赔礼道歉，奥吉也明白了交到这样一个真正的朋友是多么难得。和解的两人把所有的精力都投入到科学竞赛项目中。最终，奥吉和杰克威尔制作的光学暗箱成功俘获了观众和评委的心，获得了大奖。

奥吉拥有了更多的朋友，但朱利安开始用各种手段来表现他的敌意。终于，塔什曼叫来了他的家长，对他做出了停课2天的惩罚，并且决定不带他参加自然保护区的旅行。最终，朱利安转学了。

自然保护区的旅行很精彩，像一

场冒险。五年级的男孩们团结在一起，成功逼退了七年级的男生。

一年的学校生活，奥吉坚持了下来，所有人都认为这是一个奇迹。最令人意外的是，塔什曼校长将亨利沃德比彻奖章颁发给了奥吉，感谢他的所作所为，感谢他激励了身边的人。

我相信，奥吉这样的奇迹，因为梦想，一定会无数次重复上演……

二、主题解读：生命的无限可能

影片《奇迹男孩》中弥漫着浓浓的亲情，电影通过关于奥吉的教育叙事，让我们对生命、对梦想产生了深刻的反思。

无条件的关爱

奥吉是不幸的，但更是幸运的。虽然极小概率的事情发生在了他的脸上，但是他通过努力，成功与自己的缺陷和解。其中，家人无条件的关爱至关重要，他们让奥吉拥有强烈的安全感。

妈妈曾经想成为一名儿童插画师，当一名美

术教师，但是因为奥吉的降生，连自己的硕士学业都放弃了。奥吉当然能感受到这一切，他的 27 次手术，都变成了妈妈的皱纹，刻写在她的脸上。也同样是妈妈的坚持，奥吉才能到真正的学校去上学。

爸爸一直希望奥吉能成为一个真正的男孩，敢于反抗，敢于面对一切挑战。在最关键的时刻，是爸爸摘下了他的头盔，让他直面真实的世界。爸爸在后来果断藏起了他的头盔，迫使奥吉在成长的路上不再回头。

姐姐薇娅的生日愿望便是有一个弟弟。姐姐也为了这个弟弟，让出了爸爸妈妈的关爱。十年来，家里的所有人都围着奥吉转，甚至都忽略了薇娅的成长困惑。但是薇娅知道她爱着弟弟，可以为弟弟做出牺牲。

友情的重要

儿童的成长，需要友情。有了朋友的陪伴，我们就可以获得归属感。

奥吉在学校的第一个朋友是杰克威尔，实际上在奥吉之前，因为家境原因，杰克威尔也没有真正的朋友。奥吉有了朋友的陪伴，各种因为长相产生的困惑和委屈，都可以抛之于脑后。但这样的友情并不稳固，在全班同学普遍歧视奥吉的环境中，杰克威尔也说过奥吉的坏话，而这又恰好被奥吉听到，两人从此形同陌路。

迅速弥补友情空白的是莎茉，这是一个善良的孩子。当她看到奥吉孤单地吃午餐的时候，她用实际行动来支持他，打破了同学中关于"瘟疫"的谣言。有了这样的陪伴，奥吉不再害怕孤独，而且迅速从万圣节事件中调整了过来。

爱犬黛西的去世，第一次让奥吉感受到了朋友的珍贵。能够永远关心你、支持你的人，真的很难得。奥吉选择与杰克威尔重归于好。两个人共同制作了光学暗箱，获得了科学竞赛的大奖。后来又是在杰克威尔的陪伴下，奥吉获得了同学们的认可。

庆典的意义

在正式入学之前，校长塔什曼就告诉奥吉，有两个活动值得他去挑战。一个是科学竞赛，一个是自然保护区旅行。这实际上给奥吉定下了两个阶段性挑战目标，其一是制作一件科学作品，其二是积极参与到社交活动中。因为有这两个挑战，奥吉的五年级生涯充满了意义。

为了完成科学竞赛项目，奥吉把妈妈教给他的科学知识应用到作品中，还亲自和杰克威尔动手，用纸箱子做了一个光学暗箱。原理虽然简单，但是对于两个10岁的孩子来说，还是充满挑战的。科学竞赛的评委最终把大奖颁给了他们。这次科学竞赛获奖，让奥吉收获了太多的朋友，他也开始正式融入大家。自然保护区的旅行，是奥吉第一次真正意义上的离开家，独自面对真实的世界。那种源自内心深处的兴奋，早就让奥吉忘了站在车窗外送他的父母，他已经期待这一天太久了。有杰克威尔的陪伴，有令人兴奋的原始森林，还有丰富多彩的团队活动。奥吉充分展现了自己的社交能力，特别是5个小伙伴团结一心，克服困难的经历，更是成为他们成长中的宝贵财富。奥吉长大了。

终于等到了小学毕业典礼那一天，塔什曼校长郑重念出了亨利沃德比彻奖章的颁奖词：伟大并非在于力量的强大，而是你如何去正确地使用你的力量，所有伟大的人，无论男女，将自己的魅力化作力量，影响周围的人。

奥吉就是这样的一个孩子，他很不幸，但一点都不普通。他经过努力，闯过了种种难关，终于完成了五年级的学业，拥有了家人和朋友的支持，取得了学业和人格的进步，获得了亨利沃德比彻奖章。塔什曼说这个奖章按惯例是要颁发给"助人为乐"的学生，但奥吉就是通过自身的努力，让更多人看到了生命的可能性，这是最高级的助人为乐。奥吉就是一个奇迹。

回顾奥吉的经历,他的成功有三个重要的因素。没有家人为他提供的无条件的关爱,他不会有强大的安全感来抵抗外界的歧视和孤立。没有杰克威尔等朋友的陪伴,奥吉不可能对班级和学校有归属感,也不可能会全身心地投入到各类社交活动中去,奥吉也就不会取得那么大的进步。没有塔什曼润物无声的教育,为奥吉早早规划了成长路径,奥吉就不会获得至关重要的意义感。因为这些挑战,奥吉感受到自己的不普通,也发觉没有人是普通的。

生命应该拥有无限可能,为什么要自暴自弃呢?我们应该像奥吉那样,勇敢地悦纳不完美的自己,积极拥抱这个因缘世界,接受任何挑战,努力成为更好的自己……

一、观影准备

1. 读电影原著《奇迹》。

《奇迹》这部小说的写作灵感来自一位小女孩。一次,作者帕拉西奥和孩子们外出,在停下来买冰激凌时,她发现排在前面的小女孩脸部严重伤残,

她三岁的儿子看到女孩的脸之后立刻哭了起来。为了避免孩子尖叫伤害到小女孩及其家人，帕拉西奥立即匆忙带着孩子离开，离开时她听到后面小女孩的母亲冷静、友好地说："好了，孩子们，我们该走了哦。"

事后，她很自责，也开始思考：这个小女孩及其家人每天要经历多少次这样的事情？就在那天晚上，她听到了收音机中播放的娜塔莉·莫森特的歌曲《奇迹》，随即动笔，写下这部动人的作品。

书中的奥吉是一个平凡却又不普通的男孩。因为有着一张不普通的脸，十岁之前的他从未上过学。但是，十岁这一年，父母为奥吉精心挑选了一所学校——比彻中学。自此，奥吉开始了异常艰辛的校园生活。他如何与校长塔什曼先生、各个科目的老师，以及性格迥异的同学们相处？上学之后的他与家人之间的关系又有何新的挑战？在人群以及各种各样意想不到的冲突中，他该如何往前？

2. 讲述读后感。

你还知道哪些人为了悦纳不完美的自己，经历了一段不同寻常的人生旅程？可以给大家讲一讲。

二、电影沙龙

1. 奥吉在校园生活中都闯过了哪些关口？他是在谁的帮助下闯过关口的？

提示：奥吉先后经历了独自上学、万圣节事件、黛西去世、参加科学竞赛、自然保护区旅行等关口。在一年的校园生活中，奥吉在家人、朋友和老师对他的鼓励和帮助下，逐渐适应了校园集体生活。

2. 在万圣节事件后，为什么奥吉要寻找头盔？头盔对奥吉意味着什么？爸爸和妈妈在戴头盔方面都有什么意见？为什么？

提示：万圣节时，奥吉听到了杰克威尔说的关于他的坏话，一时间接受不了，想重新戴上头盔，把真实的自己隐藏在头盔下。头盔对于奥吉是隔离外界世界的保护伞，只有遮蔽自己的面容，奥吉才能与其他人正常交流。爸爸从奥吉第一天上学就摘下了他的头盔，万圣节前直接将头盔藏了起来。爸爸知道，奥吉不能依靠头盔走完一生。但是妈妈还会拿着头盔去接奥吉放学，她还是希望能让奥吉过渡一下，遇到困难的时候，可以用头盔安慰自己。

3. 在杰克威尔眼中，奥吉是一个怎样的朋友？为什么？

提示：在杰克威尔眼中，奥吉是一个习惯了自己长相、头脑聪明、十分有趣、非常值得交往的朋友。其实杰克威尔在学校也没有真正的朋友，朱利安他们总是在用家境和容貌来区分同学，这不是真诚的表现，杰克威尔自觉离开了他们，主动和奥吉交往。奥吉没有这些偏见，他始终保持着真诚与善良，所以最终能收获真正的友谊。

4. 布朗先生都让孩子们学了哪些箴言？这些对于奥吉的成长有什么帮助？

提示：第一条，如果在正确与善良中做出选择，请选择善良。莎茉就是在奥吉最需要朋友陪伴的时候，出现在他的餐桌前的。第二条，一个人的善举将万古流芳。杰克威尔在朱利安再次嘲讽奥吉时发怒了,他狠狠地给了朱利安一拳。但塔什曼校长理解他的动机,因为友情是值得捍卫的。第三条,善良一点,因为大家的一生都不容易。奥吉在毕业典礼上想起了布朗老师说的这句话,想感谢所有支持和关爱过他的人。这些人,甚至所有人都值得大家起立为他们鼓掌致敬。

5. 电影中塔什曼校长先后做出了几次教育决策?分别是什么?你认为他的教育目的实现了吗?

提示:塔什曼校长做出了4次教育决策。第一次,同意奥吉插班就读,并组织了一次迎新活动。塔什曼安排了三种类型的孩子来完成迎新工作,他相信总有一个适合奥吉。在与奥吉的谈话中,塔什曼暗示有两个挑战任务值得奥吉来参与,这给予了奥吉以意义感。第二次,妥善处理了杰克威尔打人事件。杰克威尔是为了捍卫与奥吉的友情才动手打人的,塔什曼惩罚了他,也保留了他的奖学金,并且和杰克威尔通信,成功挽救了一个灵魂。第三次,处理朱利安霸凌事件。朱利安歧视奥吉不是一两天了,特别是奥吉获得科学竞赛大奖后,甚至是嫉妒了。塔什曼调查得很仔细,掌握了所有的证据,最终做出了惩罚,让朱利安停课2天,禁止他参加自然保护区旅行活动。这样的处理,触动了朱利安的良知,也维护了奥吉的尊严。第四次,授予奥吉以亨利沃德比彻奖章。按惯例应该是"乐于助人"的孩子获得此项奖章,但塔什曼校长将奖章的内涵升华到了精神层面,从而感染了在场的所有人。塔什曼希望所有人都能努力拼搏,用实际行动激励和帮助身边的人。

三、趣味活动

1. 找一个头盔,尝试佩戴一整天,和大家分享你的感受,体会奥吉每天佩戴头盔时的心情。

提示:能够坚持佩戴头盔的人,首先是意志力强大的人。奥吉能够佩戴头盔来减少外界对他的精神压力，可以想象他的心理压力有多大。戴上头盔的各种不便，以及封闭空间带来的压抑，会影响一个人的性格。

2. 在元宵节或中秋节时，大家不妨为邻居或朋友送上节日祝福，体会一番别样的节日乐趣。

拓展延伸

1. 人物想象。

设计一个编剧任务：如果电影是从杰克威尔的角度来叙述，应该增加哪些场景和环节？杰克威尔是如何在与奥吉的相处中不断成长、不断进步的？可以从学业和道德人格两个线索来开展。如果是从杰克威尔的角度叙事，影片的题目可以改成什么？

提示：杰克威尔对奥吉的观察很细致，应该先是奥吉的某些优点打动了杰克威尔，然后他注意到这个与众不同的孩子的内在魅力，接着开展长期的友谊，最后两个人一同获奖、一同旅行、一同进步。要注意在合理想象的框架内，多提供人物具体的言行细节，这样才能传递更真实的人物形象。

2. 电影里的小知识。

电影的叙事结构其实是被布朗老师的三条箴言分割开的。箴言，规谏告诫的话。在西方国家，有很多箴言录和箴言集，这些都是过去先贤的智慧结晶，感兴趣的同学可以读一读。

迎接挑战，突破自我
电影《疯狂原始人》

□ 延惠芳（山东省东营市河口区仙河镇中心小学）

导演：柯克·德·米科／克里斯·桑德斯

类型：动画／喜剧／冒险／家庭

制片国家／地区：美国

上映年份：2013 年

德育主题

三、四年级的小学生在这个阶段会出现一种强烈的要求独立和摆脱成人控制的欲望,因此会表现出叛逆、不服从的独立性,但他们内部的自控能力尚未形成,还不能有效调控自己的行为,做事易冲动不顾后果,这部电影中的小伊就是如此。但在正确的引导下,面对困难,他们勇于接受任务,迎接挑战,自身得到极大成长,收获了极大的满足和强烈的自信,这正如同孩子在成长中逐渐增强对自己的正确合理的认识,行为更具自主性,逐渐养成规则意识。

电影赏读

一、情节回顾

《疯狂原始人》是一部2013年上映的3D动画电影,由美国梦工厂动画公司制作,二十一世纪福克斯公司发行。一个洞穴家庭在老爸瓜哥的带领和保护下,长期生活在坚固的石头洞穴中,每天的食物就是历尽艰险偷来的鸟蛋,食物常常不足,但出于对外面世界的恐惧,他们依然坚守洞穴。

充满好奇心的大女儿小伊常常爬上山顶，幻想去外面的世界看看。为此，她差点儿成了大猫口中的美餐。为了家人的安危，老爸总是告诫家人不要冒险，他用讲故事的方式去打消家人对外界的好奇，故事里的主人公，只有因为好奇而死掉这一种结局。保守但极富责任感的老爸用自己的方式守护着家人，他的口号是：一家人总要在一起！就连睡觉时都是一家人在一起，最后老爸再用强壮的臂膀把一家人团团围住。

故事的转折是小伊在深夜被一束火光吸引。她攀上山顶，看到了神奇的火和满脑袋奇思妙想的男孩盖，但是父亲的寻找和保护不允许女

儿接受新事物，因为"新的就是危险的"。还没等他们的争辩分出胜负，猝不及防的山崩地裂摧毁了他们赖以生存的洞穴，迫使他们踏上逃亡之路。

在巨大的自然灾害面前，保守的父亲与新派男孩不断产生摩擦。面对危机，父亲以往的武力失去作用，而男孩的新发明屡屡奏效，他带领大家化险为夷，走出困境，大有取代父亲权威之势。老爸的奋力反击终使两人身陷险境，正是此时，面对死亡威胁，两人开始放下戒备，携手合作，想出妙计，死里逃生，化解了矛盾。这也让老爸明白，在巨变面前，仅有强大的力量是不够的，还要有灵活与机变。从此家人的前进方向趋于一致。

正当成功就要实现之时，危险却再次降临，一道巨大的鸿沟横在众人面前，所有人都陷入了悲观，准备撤回到洞穴中，老爸却出乎意料，坚定地说"要追随光明"。他用一己之力将众人一一抛向生之彼岸，却将自己置于危险之中，父亲的形象顿时高大起来，他用实际行动诠释了何为家族保护神。

独自面对危险的父亲，冷静思考，想出妙点子，将沥青涂在鲸鱼骨架上，又引来食人鸟，诱导它们踩入沥青，与骨架黏连。食人鸟带着骨架和父亲凌空飞起，越过鸿沟。家人也终于团聚，在美丽的海湾开启了新的生活。

二、主题解读：迎接挑战，突破自我

伴随着时而紧张时而欢快的音乐，享受着各种新奇有趣的动植物带来的绚丽画面，感受着跌宕起伏、动人心魄的情节，观影的最后，我们发现这不仅是一个鼓励我们在危机到来时要勇于挑战的故事，更是一个激励我们突破自我、追求自我实现的历程。

在这场突如其来的山崩地裂中，咕噜家族面临着失去家园的巨大变故，他们由迷茫、不舍到勇敢追寻，每个成员都在悄然发生着改变。

主人公老爸瓜哥是一个拥有强壮臂膀、肩负家庭责任的家长形象，他害怕外面世界的新事物，因为他认为这会带来危险。他不允许家人有好奇心，去尝试新事物。每到天黑他就用巨大的石头堵住洞口，一家人叠在一起睡觉，只有这样他才感觉到安全。当万不得已必须要面对危险时，他总是先保证家里其他成员的安全，最后才考虑自己，责任感爆棚。

其实，生活中，我们每个人身上或多或少都有瓜哥的影子。我们现在拥有的知识技能、财富地位等使我们感到快乐满足的事物，就像这个洞穴，是我们安全感的来源。一旦面临外界的严峻挑战和巨大变革，很多的人可能会恐惧、会迷茫、会退缩，但在电影中，却由不得咕噜一家逃避，因为他们已没有退路，在外界恶劣环境的逼迫下，他们无奈地选择踏上危机重重的旅程，不想面对却又不得不面对，只能勇敢地迎接挑战。在天性好奇又追求光明的大女儿小伊和极具创新精神的男孩盖的带领下，他们逢山开路、遇水架桥，一路化险为夷，终至理想的彼岸。这时的他们回首过去，必不愿再重蹈覆辙，继续过洞穴中暗无天日的旧生活。当美好家园的画卷在他们眼前徐徐展开时，谁不是欢呼雀跃、全身心地拥抱与迎接呢？

当然，迎接挑战的过程是艰辛的，是危险重重的，因为新的问题不能用老的办法来解决。当靠强大的武力无法解决困境时，在家中的绝对地位受到威胁时，瓜哥的内心是慌乱的、不安的，他的自我认同也出现了危机。一直以家族保护神自居的他面对未知无奈又自责，但他没有低迷太久，当他与他讨厌的男孩盖同陷危险，不得不互相合作脱身时，他已经与对手和解，与过去的自己告别了。困难的旅程行将结束，他们渴望到达的新大陆就在眼前，地面却突然裂开一道巨大的深渊，将他们与新世界隔在两岸，所有的人，包括总是有好主意的男孩盖在内都不知所措，甚至退缩，想要回到之前的洞穴里，瓜哥做出了一个令人意外的选择——要追逐光明！他不顾自己的安危，用尽全力，将盖和他挚爱的家人一一抛向新的希望，独自一人面对即将毁灭的世界。为家人做出牺牲，这是爱和责任感的至高体现，是真正的男人、真正的家长的高光时刻！

即使是独自一人面对危难，他也没有放弃希望，而是迅速展开自救，头一次像盖一样独立思考。他将沥青涂在鲸鱼骨架上，引来食人鸟，使其粘在上面无法脱身，而后用点燃的火把驱赶食人鸟，巨大的鸟之舟晃晃悠悠，瓜哥和他一路搭救的小动物，凌空飞过了天堑。这一刻，他超越了自己，充分发挥出了聪明才智。他睿智、自信、冷静、仁爱、担当，他明白蛮力不能迎战一切，学会思考、尝试改变才是适应未来世界的法则。

大女儿小伊天性好奇，总想着追求光明，惹得老爸颇不放心。有一天傍晚，为了追逐最后一缕阳光，她攀上高崖，险些命丧大猫之口。她一直渴望体验不一样的生活，但家族的传统规则束缚着她，这种内心的矛盾与煎熬使她一直非常困惑。终于，在一个深夜，她受一束火光的吸引，寻迹来到了地面上，遇到了改变她家族命运的人。这束光是命运的指引吗？那个男孩看似瘦弱，脑袋里却充满了各种奇思妙想，他所代表的开放、创新深深吸引着小伊，为她打开了通往新世界的大门，也解开了小伊一直困惑的心，她终于明白"什么是生存，什么是生活"。

可以说跟盖的相遇是小伊命运的转机，她听从了内心的召唤，与传统规则彻底决裂，转而坚定拥抱新生活，大胆追求光明，并成为一家人的启蒙，引领大家抛弃旧有观念，学习新技能，适应新规则。小伊是勇敢开放的，

她不安于现状，面对未知，坚信盖为其描绘的美好愿景。她是年轻的，对于新事物的接受是最快、最执着的，也是得益最多的。也许会有麻烦，但她并不担心，因为她不需承担家庭的重担，她不是瓜哥，不需那样谨慎，不用为家人的安危负责，所以更大胆也更激进。她曾经不理解老爸，质疑他，但在最后的关键时刻，在看到父亲把危险留给自己，把希望带给家人的行为时，小伊重新审视了父亲和自己，呐喊出了埋藏在心底的爱，保守与革新达成了融合，父辈与子辈之间的冲突暂时消解，所有人都从中学会了合作，学会了思考，学会了用新的视角面对未来，也终将迎来美好的明天。

 电影对对碰

一、观影准备

1. 你有没有这样的体验：想做自己的事却总是不能如愿，爸爸妈妈总有这样那样的理由劝阻你，还说是为了你好。你最想做的事是什么？

2. 回忆一下，在你的生活中，有没有面对机会和挑战却害怕退缩，没有勇气的时候？虽然内心也很想尝试，却害怕失去现有的东西，比如好成绩、好名声或者别人对你较高的评价等。

二、电影沙龙

1. 老爸瓜哥是个怎样的人？从哪里看出来的？

提示:开始的时候老爸是一个保守派,他体型健硕,强悍有力,极富责任感,但对外面的世界一概拒绝,不愿接受新事物。他时刻牢记祖训:别尝新、别好奇、别半夜外出、别做任何有意思的事情。一家人历尽千辛万苦才得到一个鸟蛋,每个人轮流吃,他自觉排在最后。每天晚上老爸都会给大家讲故事,他通过故事给大家灌输的思想是：外面的东西都很危险。每天晚上他都会早早把家人召唤进洞穴,用巨大的石头堵住洞口,家人抱作一团后,他还不放心,还要抱着所有人才肯睡去,无论到什么地方都要数数,一个家人都不能少。

但是后来,命运和他开了一个玩笑,突如其来的山崩地裂使得洞穴不复存在,身后巨大的危险如影随形。一直遵循的祖训不再适用,一身的力气也无用武之处,恐惧与不安向他袭来。他开始遭遇从未有过的窘境,并逐渐发生改变。

首先是男孩盖的出现,盖的新主意和好点子总能产生奇效,救大家于危难之中,渐渐成为群体的核心人物。老爸感到不光是女儿,连其他的家人也开始不再以他为绝对权威,自己在家中的地位岌岌可危。于是他开始控制男孩,禁足女儿,但是武力并不能解决问题。那时的他无奈又泄气,落寞又自责,因为他感到没有照顾好家人,甚至使自己身陷沥青潭中,绝望的老爸和男孩盖此时敞开了心扉,沟通并展开合作,用男孩想出的办法获得了自由。这时老爸开始发生转变,他发现改变没有那么可怕,于是开始接受新事物,积极面对各种未知的挑战,内心更加强大起来。

到了最关键的一刻,老爸蜕变了,高大的形象立了起来。面对巨大的裂缝和众人的退缩,他十分坚定,用自己的勇气和力量鼓舞了大家,不顾自己的安危,将家人一一送到希望的彼岸,他将保护家人视为自己的天职。他在独自一人面对即将毁灭的世界时不忧不惧并最终救了自己。

2. 大女儿小伊是个怎样的人?从哪里看出来的?

提示:小伊天性好奇,一心渴望追求光明,做事认真执着,大胆追求梦想,勇于接受新事物。入睡前她偷偷爬到山崖上,只为追逐落日的最后一缕阳光。深夜的一点火花吸引她爬上地面,追逐火把,靠近它、研究它。还结识了一个改变她整个家族命运的男孩。当父亲要带大家回去,她却不愿再过以前的日子,质疑老爸"那不是活着,只是不死而已"。面对男孩的各种新发明新创造,她总是积极响应,乐在其中,比如贝壳螺号、鞋子、高跷、滑板、树叶伞、龟壳船、游泳……

虽然她从小生活在洞穴之中,受到日复一日的祖训熏陶,但当新机遇来临时,她义无反顾地选择了打破旧规则,这是因为她拥有作为人的一种本真的好奇心,她不顾老爸的反对和刻意阻挠,就想和一见倾心的盖在一起,体现出一种活泼旺盛的青春萌动的热情。

小伊与老爸彼此从未表露过真实的情感,只有在最后的危机来临时,预感

到这一切的老爸才对女儿说出"我爱你"。小伊的内心受到巨大震撼，她才意识到亲情在自己心目中的位置。在老爸下落不明时，她一直坚守在岩石上不肯离去，吹响号角，期盼老爸能够回来。当梦想成真，她激动地扑进老爸怀里，脱口而出"我也爱你"，消解了父女之间的隔阂。

3. 面对危机，老爸瓜哥和大女儿小伊的态度和做法相同吗？你怎么看待？

提示：面对危机，他们父女俩的做法不仅不同，反而发生了严重冲突，老爸是拒绝接受，而女儿是欣然拥抱。这和两人所处的位置不同有关系。父亲是一家之主，肩上担着家人的安危，这决定了他凡事必须谨慎，有危险的事情决不能做。事实上也确实如此，在那个年代，正因为遵循祖训他们才得以存活。但是女儿不同，她年轻，一直生活在平静沉闷的洞穴里，渴望见识到外面的世界，新鲜与自由深深地吸引着她。当危机到来时，老爸首先想到的是武力解决，武力解决不了的就赶紧躲进洞穴避难。女儿则一直渴望全新的生命体验。当新的挑战来临时，她抓住机会，追逐新奇和变化，哪怕有严重的后果，也不会退缩，这是旺盛的生命力的体现。

4. 如果没有遇见盖，咕噜一家的生活会是什么样子？

提示：生活的一成不变或许对于咕噜一家是件好事，他们只需遵守旧准则，过着日复一日的单调生活即可。可是一旦灾祸发生，他们也一定早就死了。洞穴倒塌了，覆巢之下，安有完卵？可是谁会想到他们遇见了盖，盖的发明创造带来不一样的新鲜事物，每个人都

因为盖或多或少发生了改变。他们学会了独立思考,学会了接受新事物,尝试着改变,不仅提高了生活质量,更实现了自我认同,在去往幸福的路上大踏步前进。

5.如果在你的生活中,也面临巨大的挑战或者难得的机遇,你会退缩逃避还是勇敢接受?

提示:请孩子从自己的角度谈谈感受。鼓励他们以主人公的正面形象激励自己,在面对挑战时勇于迎接。

6.你有过和家人的冲突吗?在什么样的事情上?后来怎么解决的?

提示:从父母和孩子的亲子关系角度思考,讨论成长期的叛逆,感悟只有爱才能治愈彼此。

三、趣味活动

发挥想象,当咕噜家族到达新港湾后,生活中又会发生什么有趣的事情?试着编一编。

提示:可以结合具体的人物来说,从他的性格特点、面对新事物的改变程度来设想。想象这个人物,他会怎么说、怎么做。

拓展延伸

1. 电影推荐。

选取电影中最感兴趣的片段或感触最深的情节，向人推荐，注意组织好自己的语言，说清楚自己要表达的观点。

2. 好书推荐。

《神奇树屋》《皮皮鲁传》等图书，书中的主人公勇敢且充满好奇心，他们经历了历险，收获了很多。快去看一看吧!

学会独立，冒险之旅

电影《绿野仙踪》

□ 田 琦（山东省东营市胜利河口第一小学）

导演：维克多·弗莱明／金·维多

类型：歌舞／奇幻／冒险

制片国家／地区：美国

上映年份：1939 年

 **德育主题**

成长，一直是我们关注的重点，少年儿童的成长更是社会探讨的重点。电影《绿野仙踪》讲的就是成长的故事。影片中稻草人、铁皮人、狮子在经历困境后一步步成长，变得更聪明、善良、勇敢。电影给了我们启示，也为我们树立了榜样。

 **电影赏读**

一、情节回顾

小女孩多萝西跟婶婶和叔叔居住在一起，有一天突然刮起龙卷风，把房子以及躲在房子里的多萝西和小狗托托一起吹到了神秘的奥茨国，房子掉下来又砸死了邪恶的东方女巫。在北方女巫的指引下，多萝西前往翡翠城开始了寻找回家之旅的方法。

在前往翡翠城的路途中，她遇见了没头脑的稻草人、没有心的铁皮人和

胆小的狮子，并跟他们成了好朋友。他们一同前往翡翠城寻找魔法师，期望实现自己的愿望。在这过程中他们遇到了来自西方女巫的各种阻挠，可是他们没有放弃，彼此鼓励，相互扶持，终于战胜了西方女巫，也实现了自己的梦想。稻草人拥有了聪明的脑子，铁皮人有了善良的心，狮子拥有了强大的勇气，而多萝西也回到了温暖的家中，见到了她最爱的婶婶。

二、主题解读：成长中的友情

孩子是家庭的希望，是祖国的未来，孩子的成长更是我们关注的焦点。如何培养好孩子呢？影片《绿野仙踪》就通过稻草人、铁皮人、狮子三个具有显著特点的角色向我们讲述了他们逐渐成长的故事。

稻草人最初是一个没有脑子的人，他不聪明，最大的梦想就是能够拥有脑子，成为一个聪明人。但是在前往翡翠城和解救多萝西时，他却经常能够想到聪明的方法来克服困难，这一路的艰险让他学会了思考，最终拥有了聪明的脑子。这是不是告诉我们在遇到难题时我们要善于思考，多动脑筋就能够战胜困难取得好的成绩呢？

铁皮人的梦想是拥有一颗心。一开始，他不能感知到别人的痛苦

和快乐，这就像我们小时候一样，不懂得关心别人，也难以体会别人的痛苦和欢乐，但是在成长中，我们感受到了来自亲人朋友的关爱，慢慢地，我们也学会了去关心别人，像铁皮人一样拥有了一颗善良的心。

狮子空有一副勇猛的外表，内心却胆小懦弱，遇到困难只会逃避，是不是也很像我们呢？可是狮子最终选择了直面自己的懦弱，去战胜困难，最终拥有了勇敢。我们也要像狮子一样，遇到困难不要逃避，勇敢面对它，积极应对，就一定能战胜它。

人无完人，每个人都有自己的缺点，我们能做的就是在发现自己的缺点时能勇敢面对它、克服它。在漫长的成长路上，朋友的鼓励和支持是我们的制胜法宝，这些鼓励与支持给我们带来温暖和勇气。成长路上的曲折就像通往翡翠城的道路一样，充满危险，可是我们要像多萝西一样拉着朋友的手不放弃，相互扶持，共同成长，相信自己一定能通往胜利，成为一个美好的人。

 **电影对对碰**

一、观影准备

1. 你有没有看过《绿野仙踪》这本书？你觉得多萝西是一个怎样的人？

2. 你的生活中有没有一种人，他开始胆子很小，可是慢慢地变得越来越勇敢？

3. 你在生活和学习中如果遇到难题会怎么办，是放弃不做，还是坚持克服它？

二、电影沙龙

1. 你还记得西方女巫吗？她为什么抓多萝西？她是一个怎样的人？

2. 影片中魔法师有神秘的魔法吗？你觉得他乘坐的气球又会去往哪个神秘的国度？

3. 你最喜欢影片中哪个人物？为什么？

三、趣味活动

1. 趣味表演。

提示：分角色扮演人物，选取其中精彩片段，比如狮子之前的胆小形象和后来再跟女巫搏斗中展现的勇敢，让孩子体会一下其中的变化。

2. 编一编,想一想。

请你插上想象的翅膀想一想,稻草人、铁皮人、狮子分别拥有了聪明的脑子、善良的心、勇敢之后会为奥茨国做些什么事情?多年后,多萝西回到奥茨国,又会发生什么故事呢?

 拓展延伸

1. 制作手抄报或画册,续写故事。

将你喜欢的人物或场景用手抄报或者画册的形式描绘下来。画册可以选取其中的场景或者自己发挥想象绘画出新的故事,把人物的形象、神态和他们的动作、对话画出来。也可以编写故事,可以在故事中增加新的人物,人物的性格特点要鲜明,想想后来还会发生的神奇故事。

2. 电影推荐。

有一部名为《爱丽丝梦游仙境》的电影,讲述的是一个小女孩爱丽丝进入奇幻的地下世界,并结识到一群朋友的故事。你也一定要去看一看哦。

呵护童真，守护成长
电影《寻找声音的耳朵》

□ 李武铭（山东省东营市胜利孤岛第一小学）

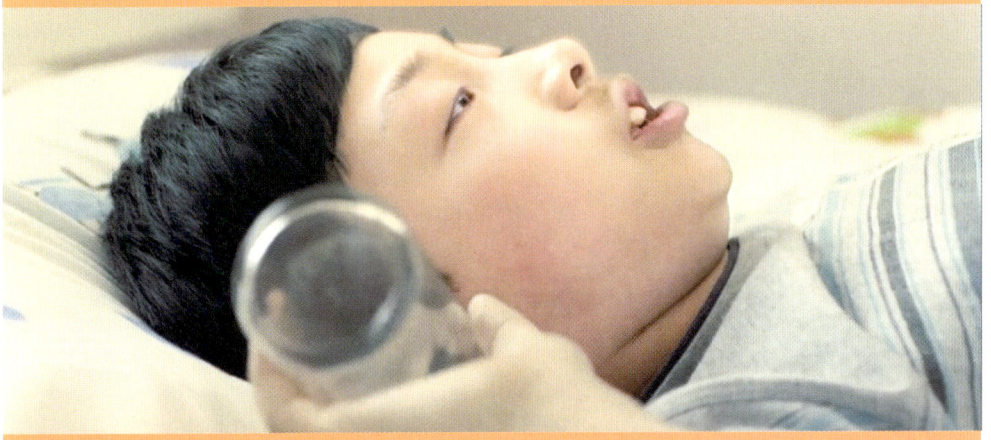

导演：张忱婷

类型：儿童

制片国家／地区：中国

上映年份：2013 年

德育主题

小学生正处于人格形成的关键时期，如何在搬家、转学等背景下适应环境、完成自我认同，对学生和家长都是一个严峻的挑战。在自我调节的过程中，学生难免会与父母、同学和环境发生冲突，需要学生理解他人，懂得感恩；不断提高辨别是非、善恶、美丑的能力；学会考虑他人的情绪和情感，主动调节自己的行为，早日实现全方位的适应和转变。

电影赏读

一、情节回顾

病床上，小聃突然听到了熟悉的歌声，那是大自然送给他的歌。他的思绪也一下子回到了一年前……

因为乡村故居拆迁，小聃和父母要从上海郊区搬到市中心生活。临行前，小聃一家和乡邻"聋子"爷爷一家告别，小聃从小就和"聋子"爷爷相熟，经常在爷爷带领下到大自然中去寻找各种声音。

新学期的第一天，也是小聃插班到新集体的第一天。班上的同学谈论着各种时髦的电子产品和玩具，这些令小聃很不适应。但是他惊奇地发现，邻居张米仁居然是自己的同桌，这令他欣慰很多。城市的嘈杂和教室里千篇一律的读书声，让他忍不住拿出了收集各种声音的瓶子。这次，他听到的是雨声，一下子把他带入了雨中曲的梦境。

张米仁和同学们逐渐发现了林小聃的歌唱天赋，也知道他有一个能收集

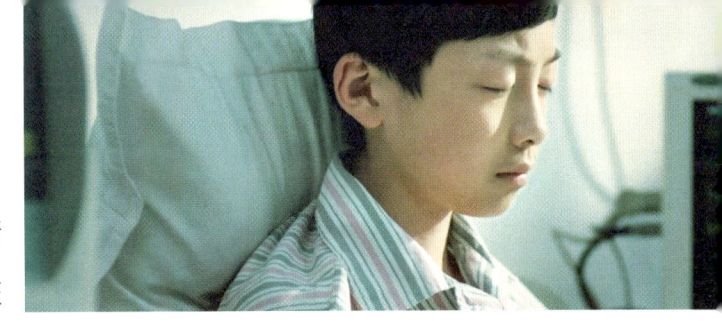

声音的瓶子。同学们逐渐被林小聊所感染，除了班长杨昊和"歌神"马涛还是不喜欢他，其他同学都对他有了好感。特别是同桌张米仁，天天到小聊家一起唱"月亮圆圆，树叶翩翩……"

小聊的父母来到市中心生活，工作压力越来越大，生活节奏越来越快，小聊的学习成绩也有下滑，家里面渐渐多了争吵，这些都令小聊非常不适应。

爸爸带他回乡下过周末。回到熟悉的环境，所有的声音，都能让小聊浮想联翩。"聋子"爷爷说小聊是古代的公冶长，可以听懂动物的声音。

每个课间，小聊都可以用瓶子给同学们讲一个关于校园里昆虫的故事，同学们也对小聊的乡下产生了浓厚兴趣，开始共同传唱关于昆虫的歌曲。一次课间游戏，班主任对小聊的瓶子有了不满，告诉了小聊妈妈相关的情况。

后来，班长杨昊也借故拿走了小聊的瓶子，在家里偷偷听里面的声音。在一个周末，整个班的学生都以补课的名义，到乡下去寻找声音。张米仁的意外骨折，让事情暴露了，老师、妈妈不断把压力抛到小聊的身上。终于，他亲手摔碎了瓶子。同学们把瓶子的碎片，默默地埋在校园的角落里。属于他们的快乐,破碎了。

小聪到医院看望了张米仁,然后一个人返回了乡下,去找"聋子"爷爷诉说心事。老人家告诉了他一句过来人的经验,长大了,就不能光听声音,该听话了。从此,小聪像变了一个人,开始成为父母和老师眼中的好孩子,学习进步,热爱运动,竞选班长,逐渐适应了城市的生活。

新的学期开始了,妈妈也调到小聪所在的学校任教,小聪的成绩扶摇直上,他开始报辅导班、竞选"三好学生"、冲刺名校初中,午饭时间还在看书。终于有一天,小聪听不到自然的声音,他听到的全是大街上每个人的心声,为了成绩95、96、97,为了存款100万、200万、300万,为了销售额……这些声音让小聪不堪其重。一天上课的时候,小聪不停地呕吐,然后就开始不说话,所有的人都认为他听不见声音了。

爸爸再次带小聪回到乡下,感受从小熟悉的大自然。"聋子"爷爷去美国了,其他的人都搬走了,所有的房子都拆掉了,小聪一下子晕倒,躺在影片开始时的病床上。

小学毕业的时候,全班同学一起唱了一首歌,送给妈妈、爸爸和老师。小聪也听到了从小爸爸妈妈陪他在大自然中玩耍时听到的声音,实现了自己

与成长的和解。

二、主题解读：童年的底色

自然的声音

小聃从小在乡村田野中长大，可以听到自然的声音。瓶子就是小聃的想象空间，那里有昆虫、田野和魔法世界，歌声是小聃的生命表象，身边的所有被小聃理解的种种事物，都能被小聃编写为歌词，然后用最质朴的童谣吟唱出来。小聃喜欢的声音，就用瓶子装起来，不喜欢的声音，比如父母吵架的声音，就使劲倒出来。

电影中的瓶子是一个隐喻，当瓶子破碎，小聃就不得不接受来自外界的非自然的声音。这就是“聋子”爷爷告诫小聃的——长大了，不能仅仅听声音，还要听话。听谁的话？父母的话，老师的话，还有其他很多人的话。班长杨昊，就是因为太听家长和老师的话，而听不到瓶子里面的声音。淘气鬼马涛，就是因为听了太多电子产品的声音，忘记了自然的声音。直到马涛听到了瓶子中的知了声，他才明白最好听的就是自然的声音。

我们要在心中放置一个瓶子，随时从瓶子中寻找自然的声音。这个瓶子里面，还装着要对妈妈、爸爸和老师说的话。这也是影片最后，所有孩子表演的主题，让每个孩子都能发出自己的声音。

父母的关爱

小聃的父母是持有两种教育观的。妈妈非常向往市区的生活，便利的生活条件，优质的教育资源，丰富的社交圈子，妈妈希望小聃也能尽快融入城市生活。但是这些都是有代价的，每天1个多小时的通勤时间，无法正常的晚餐，巨大的竞争压力，这些都让妈妈焦虑。妈妈的外号是"Tiger Mum"，她有着强大的意志力，一定要让小聃在班级的排名中位居上游，未来上一所好的中学。

爸爸对搬家到市中心不置可否，但是日益疏离的家庭关系，忙碌的工作节奏，使他逐渐厌倦都市生活，无时无刻不期望能回到乡下。乡下有上百年的老屋，有传承了十几辈的村落，有最熟悉的酒酿和乡邻，是无法抛弃的故乡和田园。爸爸对小聃的教育观是宽松的，希望小聃能按照自己的节奏自然成长，所以对分数、排名、辅导班、初中择校等方面有一种天然的排斥。小聃也受爸爸的影响，只要有困难，也习惯到乡下去寻找解决问题的答案。小

聊第一次月考不理想，爸爸带他回到了乡下，让他寻找田野的声音。小聊摔碎了瓶子，在教室呕吐，爸爸又把他带回乡下。看到拆迁的村落，小聊晕倒在麦田里。

在小聊摔碎瓶子，离家出走，接受"聋子"爷爷的规劝后，两种教育观开始融合，家庭也和睦了，但小聊的压力却更大了。因为小聊努力要成为所有人眼中最听话的孩子，而这些教育、成长和环境的压力却无法排解，最终让小聊病倒。因为他无法听见大自然的声音了。直到在病床上，小聊又听见了瓶子中久违的童谣"听，耳畔的风，如影随形。风，你带我飞，树林，田野，小径……"，他才恢复如初，重新站在了毕业庆典的舞台上。但这时，小聊，已经不是一开始的小聊了。他实现了童年梦想和社会现实的融合，闯过了人生中最重要的关口。

祖辈的故事

老宅、老人、老故事，没有这三样的童年是不完整的。小聊是幸运的，有一个"聋子"爷爷，可以把传承上千年的故事和传说，讲给小聊听。而这些故事和传说，又全部写在墙头、房顶、井口和村头。

传说公冶长能听懂禽语，可以知道山中的秘密。"聋子"爷爷听不清人声，

但是能听到"二昧子"和"三昧子"打架，可以听到植物长个的声音。小聃可以听到苦瓜唱歌、芦苇说话、蝈蝈生娃，并且把这些风之歌、虫之曲、草之乐用自己的方式唱给大家听。因为他们都有一双寻找声音的耳朵。这种声音和这样的耳朵可以在这样的村落，传承起故事和传说。但是一场拆迁，故事也渐渐消散。

每个人的童年，都应该包括自然的声音、父母的关爱和祖辈的故事。每个人的成长，都是在教育中的成长，在传统文化和现代文明的融合中成长。我们毕竟是新时代的公民，我们需要拥有一双寻找声音的耳朵，聆听生命最深层的呼唤……

电影对对碰

一、观影准备

1. 回忆一下，在你的生活中，有没有在乡下生活的时光？乡下生活都有哪些有趣的事情？这些趣事带给了你什么体验？

2. 在你的成长经历中，有没有搬家、转学的经历？这些经历中，你有哪

些深刻的感受？你又是如何调整自己的情绪的？

3. 大自然的声音中，有哪些是你喜欢的？城市的声音中，有哪些是你喜欢的？想一想，为什么？

二、电影沙龙

1. 小男孩小聪喜欢听声音，他会把收集到的声音装进一个神奇的瓶子，他都收集到了哪些声音？他把这些声音都变成了哪些歌曲？请用风之歌、虫之曲、草之乐为这些歌曲进行分类。想一想，你能不能也用这些题材编一些歌谣？

2. 小聪转学后，搬到了市中心生活。思考一下，都有哪些环境和情况，他不太适应？尝试用噪声、压力、习惯来进行分类。

3. 瓶子出现在电影中的哪些场景？除了小聪，还有哪些孩子听到了瓶子里的声音？为什么有的孩子听不见瓶子里的声音？为什么每个人听到的声音不一样？最后瓶子怎么样了？这象征着什么？

4. 为什么孩子们都愿意去乡下？乡下有哪些东西是都市无法拥有的？

5. 瓶子被摔碎后，小聪有什么显著的变化？这些变化是有益的还是有害

的？为什么？

6. 为什么小聃当上了班长，学习成绩越来越好，却突然在教室里呕吐，在麦田里晕倒，而且听不见声音了？这些意味着什么？

7. 电影中，有两首歌是描写人的情绪的，请抄录歌词，想一想，是否唱出了你内心的声音。

四、趣味活动

1. 心灵默契对对碰，和你的父母来一个童年大调查，各自写下自己童年最喜欢的东西，最后统一公布答案，看看你和爸爸妈妈有多少默契。

2. 和父母共同开列优质家庭教育清单，最少列举十条，看看有哪些你和父母达成了共识，哪些你和父母发生了分歧。

拓展延伸

1. 观看电影《蝴蝶》，认识自然环境对孩子成长的影响，鼓励孩子到大自然中去寻找生命的意义。

2. 选取《寻找声音的耳朵》中你最感兴趣的片段或感触最深的情节，向他人推荐，注意组织好自己的语言，说清楚自己要表达的观点。

回归自然,寻找本心
电影《麦豆的夏天》

□李　颖（山东省东营市胜利河口第一小学）

导演：马和平

类型：儿童

制片国家／地区：中国

上映年份：2017 年

 **德育主题**

不要让屏幕成为孩子感受世界的唯一窗户，也不要让网络成为孩子们交友的唯一途径。大自然也是孩子的教科书，让孩子走进自然、感受自然，在自然中建立友情、感受亲情，在自然中玩耍、在自然中嬉闹，让孩子感受种子冲破泥土的坚韧，感受滴水穿石的永恒毅力。在自然中长成的孩子，必定拥有更广阔的心胸和更坚定的意志，他们会勇敢而微笑地面对生活。

《麦豆的夏天》主要讲述了现代城市孩子在乡村自然环境中发生的一系列趣事，与乡村儿童狗蛋、翠翠等相互冲突、碰撞，最后达到相互融和，结下了友谊，收获了成长。

 **电影赏读**

一、情节回顾

在城市中长大的麦豆，被爸爸送到乡下的奶奶家过暑假。这里没有网络的生活，同龄孩子间奇怪的称呼，穿着土气的乡下小孩和他们土里土气的话语让麦豆感到种种不适，尤其是他还与乡下小伙伴们发生了矛盾冲突。但是，麦豆在这里成长了，他慢慢变得懂事，懂得体谅他人，与别人慷慨分享。

从到奶奶家吃饭开始，饭桌上的辈分座次，按辈分的称谓，以及翠翠的礼貌谦让，繁杂的规矩让只顾忙着用手机拍照的麦豆无所适从。但当麦豆带着无人机、iPad这些先进的设备出现在乡村小伙伴的面前时，无法遮蔽的城乡差别让麦豆的虚荣心也着实膨胀了。电影将城市儿童对乡村儿童居高临下的优越感体现得淋漓尽致,麦豆每天宅在房间里打游戏,不愿意踏出房间和乡村小伙伴玩耍。

但乡村的生活比虚拟的游戏世界精彩多了,麦豆慢慢被精彩的乡村生活吸引,他与伙伴们一同到小河里摸鱼、生火烤鱼、捉蝎子、捉迷藏,从一个陌生的旁观者逐渐成为积极的参与者。

后来,他们因为贪玩将鸡网拿来当作球网,鸡由此逃出限制,奶奶家里变得一片狼藉,稻谷撒了满地,屋里处处是鸡毛鸡屎,让回到家的奶奶气愤至极。为了得到朋友的好感,麦豆率领他们去烤红薯,但因没有将火熄灭而烧掉了亲戚家预备过冬的柴火。虽然挨了责备,但却获得小伙伴们的好感和称赞。

就在这样的日子里,麦豆从一个自私、任性又不懂得感恩的孩子,慢慢变得懂感恩、懂回报。奶奶看他身体瘦弱,为他上山采药,却在回家的路上

崴伤了脚,无法下床。他就与翠翠结伴跨越整座大山为奶奶买药,陪翠翠探望在工地工作的父亲。

故事的最后,麦豆和小伙伴们一同去佛峪探险,一路上有欢笑,有冒险。在这次经历中,他们学会了互帮互助,学会了分享和友爱。

离别时,狗蛋拿了鸡蛋,二坡采了核桃,翠翠送了幅画,麦豆也大方地将自己带来的玩具送给了小伙伴们,并且相约再聚。

在这个乡村,朋友的友情、亲人的亲情,改变了一个男孩儿。以这个夏天为界,他开始珍惜生命中每一个可爱的朋友、敬爱的亲人。

二、主题解读:回归自然,寻找本心

《麦豆的夏天》主要讲述了城市儿童麦豆暑假来到农村奶奶家发生的一系列趣事。他在现代城市中养成的性格和生活习惯与生活在农村大自然中的狗蛋、翠翠等人相互冲突、碰撞,最后他们结下了友谊,收获了成长。

马和平导演亲自创作了电影的主题曲,曲调优美动听,但歌词却透露着些无奈与哀伤。"快快回到我的家"表达了内心的呼唤与无奈。"青山绿水环绕着她,头顶蓝天白云在脚下,知了蚂蚱任你抓,鱼儿鸟儿一起与我

贪玩耍……"总是让人不由自主地想起在自然环境下成长的孩子们那无忧无虑、多姿多彩的生活。

2010年4月,《林间最后的小孩》在国内出版,在书中作者提出并探讨了自然缺失症这一社会现象。自然缺失症不是一种疾病,而是当今时代的一种现象,即现代城市儿童与大自然完全割裂,儿童在大自然中度过的时间越来越少,从而导致他们产生了一系列行为和心理上的问题。这种现象对

儿童产生很多负面影响,比如引起儿童肥胖、注意力紊乱、孤独、抑郁等一系列问题。

"孩子不会走路就会玩手机。"这句当今流行的玩笑话表达出现代孩子对电子设备的高度依赖。家长感到担忧,极高城市化和数字化的生活,影响着儿童的健康发展,不仅是身高、体重、视力、智力等身体素质方面的问题,更影响着儿童健康心理的养成。

电影《麦豆的夏天》并不是用田园生活简单粗暴地批判都市文明，下河摸鱼、翻石头抓蝎子、就地取材烤红薯……这部电影其实一直诉说着一个道理——大自然才是孩子们真正的家。在曾经那个网络、科技都不太发达的年代，早晨是被小伙伴的呼唤声叫醒的，一整天都是在小伙伴们的欢笑声中度过的，夕阳的余晖下再手牵着手一起回家。玩，是那个年纪、那个时代最好的形容词，孩子们在玩中成长，在玩中领悟，在玩中交友，在玩中创造，在玩中发现。而在《麦豆的夏天》这部电影中，导演也将"玩"这个字贯串于整个剧情的始终。电影小主人公麦豆与一群小伙伴从素不相识，到一起放纵、尽情玩耍，在玩中产生矛盾，又在玩中和好如初，在玩中学会感恩，在玩中学会包容。

一、观影准备

1. 你都去过哪些地方？你最喜欢的是哪里？
2. 你为什么喜欢那里？你在那里都做过哪些有趣的事情？

3. 在这场旅途中是否有一个小伙伴令你印象深刻?你从他身上学到了什么?

二、电影沙龙

1. 问一问。

(1) 电影中都有哪些人物?你最喜欢谁?为什么?

(2) 小主人公麦豆在乡村生活中做的哪件事情让你印象深刻?给大家讲讲发生了什么事。

2. 唱一唱。

导演用美妙的歌声,呼吁我们回到大自然,回到家乡,感受生活,快乐成长!请你带着对电影的理解,演唱电影主题曲。

提示:可以小组任选方式(独唱／合唱)进行表演,全班汇报展示,师生评议交流。

 拓展延伸

1. 各抒胸臆。

你最喜欢该电影中的哪个角色?请给他写一封信,说说你想对他说的话。

2. 电影推荐。

1999年,由日本著名导演北野武执导的喜剧《菊次郎的夏天》上映了。影片讲述了小学三年级学生正男在与菊次郎一同寻觅其离异的母亲的途中所发生的一系列感人的事情,正男也因此得到"天使之铃",从而走出阴霾。有兴趣的同学快去看一看吧!

3. 好书推荐。

小说《草房子》的故事发生在油麻地,作者通过对主人公男孩桑桑刻骨铭心而又终身难忘的六年小学生活的描写,讲述了五个孩子——桑桑、秃鹤、杜小康、细马、纸月和油麻地的老师蒋一轮、白雀的故事,呈现出了孩子们的成长历程。

第二板块 传统文化与家国情怀

01 了解传统

02 敬亲睦友

03 明辨是非

04 学习英雄

05 扫除邪恶

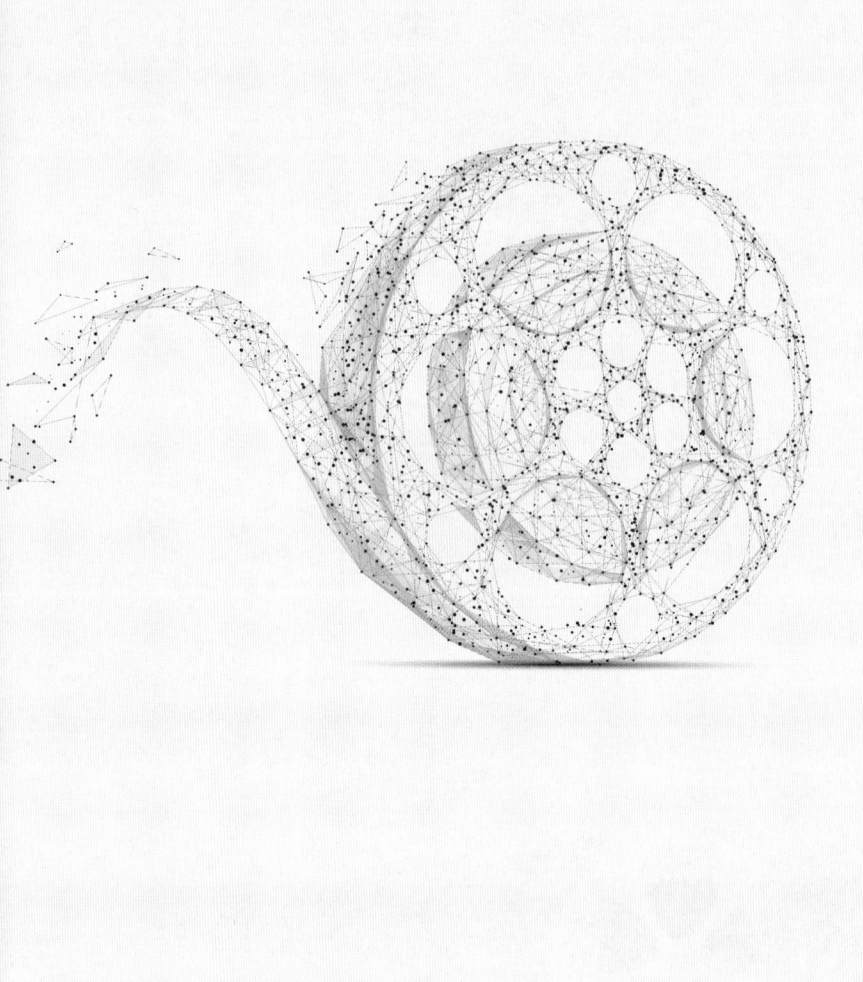

汉字文化,中国故事
电影《三十六个字》

□ 任春涛（四川省西充县张澜学校）

导演：徐景达

类型：儿童／动画

制片国家／地区：中国

上映年份：1984 年

 **德育主题**

汉字的文化内涵作为中华传统文化的一项内容,每个中国孩子都应该有所了解。在小学低、中段,学生在识字、写字过程中拓展一些关于汉字学和汉字文化方面的内容,对于识字写字大有裨益。

《三十六个字》是一部引领小学生走进汉字王国、了解汉字文化的好短片。

电影赏读

一、情节回顾

《三十六个字》片长 11 分钟,影片以父亲教孩子识字为线索,将电影技法与传统水墨技法巧妙融合,用 36 个象形字讲述了一位农夫的冒险经历。

在故事的开头,孩子拿着一本汉字书问伏案工作的爸爸:"爸爸,爸爸,这本书上的字你认识吗?"爸爸微笑着说:"啊,象形字!我国古代有许多象形

字。"随后，爸爸展开一张白纸，写出古汉字山、水、木、林、森，孩子似乎悟出了汉字的妙处，十分惊喜。爸爸又写了个"鸟"字。"鸟"儿活了，展开翅膀飞过森林，停在"木"上。爸爸又在林中的空地上画了一只动物。孩子从"一个长鼻子、四条腿"认出这就是"象"。大象走到山下的"水"边，伸出长长的鼻子，吸起"水"朝着天空喷洒，小鸟飞过来，洗了个凉水澡。接着，爸爸一边写，一边教孩子认识"草""田""竹""马"和"夫"。一个个汉字被还原成最初的样子，形象生动，非常有趣。父子俩越写越有兴致，爸爸开始用象形字编起故事来——

"夫"骑"马"过"竹"林，跨过"田"野，穿过森"林"，下马来到"水"边。"夫"想过河，他用"刀"伐"木"造"舟"，水边的"象"送"夫"登"舟"下"水"。"夫"见"水"中有"鱼"，便撒"网"捕"鱼"。"燕"子低飞，乌"云"遮住红"日"，不久便下起"雨"来。"夫"撑"伞"遮雨。"雨"越下越大，"水"中波浪滔天，"舟"翻了，"夫"落入水中，后来被巨浪推到一块大"石"上，才幸免于难。雨停了。寒冷中，"夫"生"火"取暖。此时，一"龟"游来，驮起"夫"回到"舟"上。"夫"随小"鸟"的引导前行，见一"虎"正追一"鹿"、一"豕"和一老"叟"，情况紧急，"夫"拉"弓"射箭，"虎"即死去。老"叟"进入"舍"内，将一只"羊"送给"夫"作为答谢。

"夫"牵"羊"来到河边，采了一朵"花"，救下哭泣的小"虎"准备登"舟"过河，可是"舟"太小，不能一次把"虎""羊""花"都运走。"虎"要吃"羊"，"羊"要吃"花"，怎么办呢？"夫"开动脑筋，终于将它们完好无损地运到了对岸。

"日"落西"山"，该回家了。"夫"唤回"马"，拿着"花"，驮着"羊"，带着"象""鹿""豕""鸟""龟"，回到家"门"前。"门"里出来一"犬"一"子"。后又出来一"女"子，"夫"将"花"插在"女"子头上。家人团聚，"子"高兴地喊道："爸爸给妈妈戴花喽！"夜深人静，"竹"林中的房"舍"里亮起灯火，深蓝的天空挂着一弯明"月"。

故事的结尾，孩子高兴地说："爸爸，这个故事应该叫《马夫历险记》。"

爸爸说："傻孩子，我是让你认字的。中国古代的象形字还有很多很多。刚才那些字记住了吗？"

孩子高兴地说："记住了，三十六个字。"

影片故事不长却内涵丰富。故事里有壮美的自然，有劳动的快乐，有人与自然搏斗的惊险，有知恩图报、心怀感恩的美德，有自然万物相生相克的复杂关系，也有人与自然和谐相处的美好……导演把 36 个象形汉字还原成形

象生动的人、景、物,编织成了一个富有生活气息、情节曲折有趣、温馨又圆满的故事,令人印象深刻。

二、主题解读:引领孩子走进奇妙的汉字王国

用象形字讲故事,让一个个汉字变得有血有肉,生动活泼,富有情趣,是这部动画片最鲜明的特色。影片还有许多值得探讨的内容,比如关于人与自然、家庭关系、文明礼仪等。为教学需要,我们仅提取汉字故事这一内容为主题,通过看影片、讲故事、创编故事这样的板块设计,让孩子进一步领悟到每一个汉字都是一幅画,是一个个故事,是生动、形象、有趣的。

影片让汉字富有生命气息。无论是自然界的"山""水",还是地上的"草""木",或是天空中的"日""月""云""雨",都有颜色,有温度,让人联想到生活中的实物给人的感受;那些天空中的飞"鸟"和"燕",水里的游"鱼",地上的奔"马"、看家"犬"、大"象",它们会游会跑,有生命有情感,活生生地在故事里存在着。看过影片,不禁让人感叹:我们每天阅读的方块汉字,竟然如此形象生动!以至于再看到"木"字时,不由得回想起电影里的树木枝丫,再看到"鱼"时,不由得想要去找寻字里的鱼鳞和

鱼尾。

识字是孩子学习的开始。由于汉字字形复杂，记不住、写不好是常有的事。改善识字效果的方法很多，其中最重要的一条，就是让孩子感受到汉字的奇妙，感悟每一个方块汉字背后的故事和文化，唤起孩子对汉字的浓厚兴趣，以兴趣作为突破口，促进孩子不断探索。

汉字是华夏儿女精神家园的基石。每一个汉字都有着数千年中华文化的深厚积淀。如果通过观看《三十六个字》这部影片，能激起观众对汉字的浓厚兴趣，唤起孩子探秘汉字文化的兴趣，多好！

与影片同名的绘本《三十六个字》是一部用汉字讲故事的图画书，徐景达以水墨技法将象形文字的特点展示到极致，以孩子喜闻乐见的方式讲述中国先民的生活，呈现汉字内涵的博大精深。图画书让动画电影静止下来，用一幅幅画呈现别样的故事，另有一番趣味。

电影对对碰

一、观影准备

教师准备动画电影《三十六个字》、绘本《三十六个字》以及适当数量的古汉字卡片。电影课上，建议先通过猜汉字激发孩子的兴趣，再用图画的方式打通汉字与生活情境的联系，让孩子初步体会汉字源于真实的生活，是祖先在生活中创造出来的。激起这样的情感体验之后，再引入电影欣赏。

1. 初步了解象形汉字：下面这些古老的汉字，你能认出多少？

2. 在下面这幅图画中，隐藏着好多古老的汉字，请把它们找出来。

3. 介绍动画电影《三十六个字》。

提示：这是一部由象形汉字绘制而成的动画电影。影片用古汉字讲故事，片中的人、景、物全都由象形汉字变形而来。

二、电影沙龙

1. 你记住了电影中出现的哪些汉字？你是怎么记住它们的？

提示：影片中出现的汉字有：日、山、水、木、林、森、鸟、象、草、田、竹、夫、马、刀、舟、鱼、网、燕、云、雨、伞、石、火、龟、虎、鹿、豕、叟、弓、舍、羊、花、门、犬、子、女、月。交流识字方法。

2. 给孩子讲汉字的故事。

（1）举例介绍汉字的造字方法，如"日""旦""刃""休""即""家""王"等。

提示："日"是太阳的样子；"旦"是太阳从地平线上升起的样子；"刃"中的一点指明刀刃所在；"休"是人靠

着树休息;"即"是人坐在食具旁边,表示"吃饭了"的意思;"家"是屋子里有一头"豕"(猪),祖先和猪的关系密切,一般情况下,家里是要养"豕"的;"王"的本义是一个大斧头,象征王者的权威,又有参透天、地、人的奥秘才可以做王者的意思。

(2) 你还知道哪些汉字的故事?给大家讲一讲吧!

提示:汉字的历史有好几千年。这些古老的汉字,就是很久很久以前,我们祖先留下的故事。那时候的故事,有的刻写在龟甲、兽骨上,有的铭刻在青铜器上、钟鼎上,有些刻写在石头上,有的写在竹片上……认得了这些文字,我们就能了解祖先们的故事。汉字的魔力,就是这么神奇!《三十六个字》就是用古老的汉字讲我们祖先的故事。

3. 先认一认图中有哪些字?再讲一讲图中的故事。

(1) 伐木造"舟",行"舟"遇"雨"。

(2) 虎口救人,送"羊"报恩。

(3)"虎"要吃"羊","羊"要吃"花",每次只能运两样,怎么才能顺利送它们过河?

 **拓展延伸**

1. 主题阅读。

开展主题阅读活动。主要形式建议:

(1) 课前3分钟,分享汉字故事。

(2) 画汉字,写故事(写画关于汉字的故事)。

(3) 评选识字达人。

(本文插图:山东省东营市胜利河口第一小学　赵奕臣)

仁爱孝悌，和睦相处
电影《少年闵子骞》

□王兆江（山东省东营市胜利河口第一小学）

导演：杨真

类型：儿童／古装

制片国家／地区：中国

上映年份：2012 年

德育主题

孝悌，是亿万家庭的日常生活。2013年10月，习近平总书记在强调树立良好家风时说："千千万万个家庭的家风好，子女教育得好，社会风气好才有基础。"新时代的少年儿童，只有明白孝悌的内涵，领会孝悌的重要意义，才能从道德和法律层面更好地认识理解家庭与社会，从而为国家做出更大的贡献。

电影赏读

一、情节回顾

春秋末年，鲁国三桓专权，打击孔夫子及其门生，众人纷纷出逃。闵子骞与父亲闵马夫及生母连夜逃到了宋国。但生母因病离世，临终前嘱咐闵子骞，听从父命，用心读书。

随后闵子骞与父亲及后母一家五口共同生活，因为是长子，所以各种农活家务都压在了他的身上，但后母并不待见他。经历了苇塘失窃、误惹马蜂、面斥不孝、破镜之祸、当街挡马、怒烧竹简等事情后，闵子骞与后母的关系势同水

火。后母也听信街坊的闲言，认为闵子骞克母，是他的存在，让自己不断遭遇意外。后母因此对他格外苛责，街坊邻居也不喜欢他。闵子骞没有任何抱怨，默默地按孝悌之义来约束自己，听从父亲安排，尊敬后母，照顾弟弟，关心街坊，终于赢得了半耕半读的求学机会。身边的人也因为他的宽厚仁德，转而支持和关心他。

后母一直偏心自己的亲生儿子，在吃穿用度上克扣闵子骞。在一个冬天，闵子骞随父亲在雪地里赶车赴宴席，他因为寒冷难耐而失手，马车撞到了树上。父亲情急之下，用鞭子抽打闵子骞，却发现他的冬衣里面是芦花，方才明白后母偏心亲生儿子。一怒之下，闵子骞父亲决定休了后母。

闵子骞不但没有借此申冤，反而下跪求情，说出"母在一子寒，母去三子单"之语。最终，后母也幡然悔悟，从此一家五口母慈子孝，和睦相处，其乐融融。

一天，后母听说孔夫子到宋国讲学，欣喜若狂，她终于等到了一个机会，能够让闵子骞拜孔夫子为师，圆其生母的遗愿。于是她亲赴文雅堂，跪求孔夫子收闵子骞为徒。孔夫子一开始并不愿意，但此时宋乾出面介绍了闵子骞的事迹，孔夫子闻言大喜，愿收如此孝悌楷模为徒。听闻闵子骞能同孔夫子游学，众街坊纷纷前来祝贺。临行前，后母拿出家传玉觿相送，闵子骞也掏出生母所留玉佩相赠。

从此，闵子骞便与孔子周游列国，后又成为孔门七十二贤之一。闵子骞也一直赡养着后母，后母去世后，他返乡守孝三年。

二、主题解读：仁爱天下

仁爱，即宽厚仁慈的爱，指爱

护、同情的感情，是孔子认为的理想人格，为历代儒生推崇。电影中的闵子骞，作为鲁闵公的后人，自小便受父亲和生母的导教。电影主要描写了闵子骞对待三类人的态度，并由此阐述仁爱孝悌在日常生活中的表现。

孝　亲

生母是闵子骞的精神寄托，母亲临终所赠玉佩他贴身戴着，临终母命恪守不辍。母亲反复提及的听从父命，用心读书，成为闵子骞的行动信条。特别是生母教诲闵子骞一定要孝顺后母，为闵子骞打下了孝子的底色。某种程度上讲，是生母教导有方，才让他能不断获得身边人的信任，为自己的发展进步赢得机会。

父亲是闵子骞的人生榜样，也是现实生活中他可以交流情感的唯一亲人，但父亲因为事业不得志，颇有几分消沉，也十分迁就后母在家中的言行。闵子骞敏感地体察到这些，并且尽量周全各方，听从父命，尽全力操劳农活家务，照顾好两个弟弟，让父亲放心在外办差。父亲嘱咐闵子骞不忘生母，敬重后母，让闵子骞做的，他都做到了，包括违心向后母道歉，迁就后母的严苛，默应后母的指责，等等。

后母是闵子骞的实际养育人，闵子骞心里明白后母对他过分严苛，但不抱怨，唯一的反抗仅仅是在后母说他克死生母时，剩下的不满都是靠一个人悄悄和生母说话来排解。当闵子骞父亲发现芦花袄一事后，闵子骞主动求情。最终，后母也幡然悔过，待闵子骞视如己出，临别游学时，更以家传玉觿相赠，留下了一段母子同心的佳话。

悌　幼

两个弟弟革和蒙，自小跟随闵子骞长大，感情笃厚。后母一次次有意偏袒，闵子骞虽心中自知，却从不说破，并从心底里对弟弟们好。后母分饼，有意将肉饼给亲子，素饼给继子；后母管教，亲子只动口不动手，继子连打带骂，倍加严苛。尽管如此，当弟弟们被马蜂蜇了，闵子骞还是为他们敷草药，背他们回家，并主动把责任揽在自己身上。弟弟与他争抢镰刀，割伤了自己的手，也是闵子骞主动承认错误，挨了后母的一番责骂，把新削的竹简也烧掉了。后来母子四人互相谦让一块肉时，更加体现了母慈子孝的理想人伦之境。

悌，从心，本义作"善兄弟"解，如同兄弟间彼此诚心相友爱之义。且以弟又有"次第"义，即有顺的意味。因此"善兄弟"者，弟对兄当恭顺，而兄对弟亦当爱护，顺其正而加以诱掖之。可以说，影片中的闵氏三兄弟同住同食同学，真正是兄友弟恭，其乐融融。

友 邻

闵子骞不但对家人孝悌，还对邻里友善，成功引导苟家孝敬老人，受到了众人的一致夸奖。

苟世义的父母只知道照顾自己和孩子，为了满足物欲，甚至偷取朋友的钱财。家中的老人被苟氏夫妇撵到街上乞讨求生。闵子骞看不过去，主动替苟家二奶奶打柴，还劝苟氏夫妇要善待老人，但不被理会。苟世义学父母也不孝敬奶奶，闵子骞便联合两个弟弟，不与他玩耍，并且义正词严地要求他善待老人。闵子骞点化苟世义，又用两个破碗成功唤醒苟氏夫妇，教育他们要言传身教，否则日后的恶果就会轮到自己身上。

孝悌之事是一个家庭的日常生活，是一个国家运行的底层秩序，2000多年前的春秋时代，人们就能够深刻领会孝悌的重要性。作为21世纪的新时代少年，我们更应该领会孝悌的深刻意义，把传统美德与社会主义核心价值观融合起来，把自觉的道德实践和科学的道德认知结合起来，做一个德、智、体、美、劳全面发展的社会主义接班人。

电影对对碰

一、观影准备

1. 了解历史背景。

公元前770年周平王东迁洛邑，史称东周。但此时周已衰弱到了极点，各诸侯国纷纷割据称雄。此间，全国共有一百四十多个大小诸侯国，而其中比较重要的有齐国、晋国、宋国、陈国、郑国、卫国、鲁国、曹国、楚国、秦国、吴国、越国、燕国等。

2. 了解孔子及其仁爱思想。

孔子（公元前551年—公元前479年），子姓，名丘，字仲尼，春秋时期鲁国陬邑（今山东曲阜）人，祖籍宋国栗邑（今河南夏邑），中国古代思想家、政治家、教育家，儒家学派创始人，被后人誉为"至圣先师"。

孔子开创私人讲学之风，倡导仁义礼智信。有弟子三千，其中贤人七十二。他曾带领弟子周游列国，晚年修订六经（《诗》《书》《礼》《乐》《易》《春秋》）。去世后，其弟子及再传弟子把孔子及其弟子的言行语录和思想记录下来，整理编成《论语》。

孔子创立了以仁为核心的道德学说，他自己也是一个很善良的人，富有同情心，乐于助人，待人真诚、宽厚。"己所不欲，勿施于人""君子成人之美，

不成人之恶""躬自厚而薄责于人"等，都是他的做人准则。

3. 春秋时期人们的棉袄和镜子。

棉花原产阿拉伯地区，从现有的文献和考古资料来看，我国边疆地区（西部边疆、东南沿海）对棉花的种植和利用比中原地区要早。直到汉代，中原地区的棉纺织品还是比较稀缺的。到了明朝，棉花种植才开始在我国推广开来。

棉花普遍种植之前，古人靠什么御寒呢？我国古代人们很早就用木棉取暖，木棉纤维短而细软，中空率高，很适合制作御寒物品。丝麻，中国历史大部分时间里都用它作为衣织品的原料，而麻的丝絮，则是制作被褥、冬服等的原料。

中国镜子产生于殷商时代，是用铜铸造而成的。这种镜，一面磨光发亮，一面铸刻花纹。因铜镜主要用于照出自己的面容，故也叫"鉴"或"镜鉴"。

二、电影沙龙

1. 闵子骞向几个人行孝？其主要的行孝准则是什么？

提示：闵子骞主要向三个人行孝，即生母、父亲和后母，这三人都是他的长辈。服从父命，不忘生母，敬重后母，这是闵子骞的主要行孝准则。

2. 宋乾评价闵子骞宽厚仁德，你能从哪些方面体会到他的高尚人格？在生活中，哪些行为可以称为宽厚仁德？

提示：闵子骞敬重自己的后母，后母对他过分苛责，但他并不迁怒于两个弟弟，在吃穿用住等方面处处谦让，还带着两个弟弟认字、读书、练剑，是一个好哥哥。闵子骞对街坊也十分友善，不但懂礼貌，还能用圣人之道来教化众人。闵子骞宁可自己受委屈，也不让别人吃亏，这一点从苇塘失窃、误惹马蜂、怒烧竹简、雪地赶车等事例中都可以看出，特别是他不计前嫌，跪求父亲不要休后母之事，可以看出他的宽厚仁德。

3.孔子为什么收闵子骞为徒？为什么闵子骞后来能成为七十二贤之一？

提示：当听说闵子骞孝悌的事情后，孔子欣然收其为徒。闵子骞之所以能成为七十二贤之一，和他跟随孔子游学的经历有关，更与他从小在家庭里的教化学习分不开。

 拓展延伸

1.人物想象。

根据影片中的情节，设想一下：闵子骞日后为费国宰相，他会如何引导民众建设和谐家风？

提示：要注意在合理想象的框架内，多提供人物具体的言行细节，这样才能传递更真实的人物形象。

2.歌曲推荐。

《诗经》是中国古代诗歌的开端，是最早的一部诗歌总集，收集了西周初年至春秋中叶的诗歌，共311篇，反映了周初至周晚期约五百年间的社会面貌。电影中，宋乾教学生诵读的就是《诗经》。《在水一方》是一首十分动听的歌曲，歌词改编于《诗经》中的《蒹葭》，这首歌体现出了古人的幽思神韵。

积极主动,不被定义
电影《哪吒之魔童降世》

□付盼盼(山东省东营市河口区河安小学)

导演:饺子

类型:剧情／动画

制片国家／地区:中国

上映年份:2019年

德育主题

《哪吒之魔童降世》这部电影通过哪吒和敖丙两个神话人物展开了一段充满想象力的故事，让学生感受到剧中人物在成长过程中与命运的抗争和对真、善、美的追寻，有助于中段小学生建立基本的敬亲睦友、明辨是非的观念，有助于养成良好的生活和行为习惯，有助于在同学间形成宽容友爱、自尊自律、乐观向上的良好氛围。

电影赏读

一、情节回顾

天地灵气孕育出了一颗能量巨大的混元珠，元始天尊将混元珠提炼成灵珠和魔丸。灵珠投胎为人，助周伐纣时可堪大用，而魔丸则会诞生出魔王。元始天尊启动了天劫咒语，预示多年后天雷将会降临，摧毁魔丸。太乙受命将灵珠托生于陈塘关李靖的儿子哪吒身上。阴差阳错，灵珠和魔丸竟然被掉包。本应是灵珠英雄的哪吒却成了混世大魔王，调皮捣蛋、顽劣不堪的哪吒虽有一颗做英雄的心，但众人对魔丸存在误解，恐慌的村民们要哪吒死。殷夫人死死护住了哪吒。李靖靠着多年守护陈塘关的声望，恳求乡亲们给哪吒机会。

小小的哪吒，在村民的偏见、同龄小孩的疏远中艰难成长。为了排遣满腹孤独与愤怒，他经常闯祸，父母为他操碎了心，想方设法让他学本领、走正道。哪吒做好事反遭误解，人们对他拔刀相向，只有父母相信他，力证他的清白。母亲想尽办法陪伴他，满足他对玩伴与认同的渴望。父亲为了让他生存下来，去求元始天尊，不顾太乙真人的阻拦，向看门仙求得换命符，要在雷劫到来之时，引雷给自己，以命换命。

父母至坚至纯的爱，成了哪吒最后坚守的动力，给了他选择逆天改命的勇气。他为了救回小女孩，跟凶悍的海夜叉搏斗。敖丙为家族利益，筑起万吨冰块，威胁陈塘关。哪吒为了全体百姓，跟敖丙厮杀。大战中，哪吒为了获得力量，破开了乾坤圈，扭转乾坤。

二、主题解读

体会父母之爱

哪吒本该灵珠投胎，却成了魔童降世，但，父母始终站在哪吒这边。哪怕是身而为魔，他所得到的爱，也是一点都没少。父母愿意为他赴死，也愿意为他做好事。只要他能好好活着，父母愿意和他一起战斗，一起面对未知。还是那句话，信者得爱。只有爱才能让我们成为

更好的人。

导演饺子能做出这么好的电影,也源自父母对他的爱。他大学想"弃医从漫"的时候,父母支持他;他辞去工作搞创作的时候,父母相信他。就算生活再艰难,所有人都不理解、不看好,导演的父母也从未动摇信心和支持。

哪吒的母亲殷夫人,一方面担负着为村民降妖除魔的任务;另一方面,她做好事,为哪吒积德,以换得村民对哪吒的包容。她想尽办法陪伴哪吒,仍难免分身乏术,内心留有遗憾。电影中有一幕是妖怪来临,她对哪吒说:"下次一定陪你玩到尽兴。"然后,披上战甲,奔出大门。

父亲李靖,作为陈塘关总兵,身负重任,他既要安抚百姓,也必须教养孩子。他不许哪吒出院子,带着哪吒拜师学艺,用谎言"你是灵珠降世"引导他走正途。可这一切,在少不谙事的孩子看来,"可恶"至极:他严苛待我,软禁我,欺骗我。而这背后,藏着一个父亲多么深沉的爱和难以言说的无奈。

父母不是神,要求父母完美,对他们不公平,就像电影《银河补习班》中马皓文说的:"对不起,我也是第一次当爸爸。"他们肩负各种压力,难免有做得不好的地方。我们不该把一切甩锅给家庭教育,永远依赖父母给我们的东西。

谁是真正的朋友

哪吒和敖丙,都是童年不幸的人。哪吒身负魔丸的宿命,被人当成妖怪,得不到世人的认可,孤独地成长。敖丙背负家族的使命,不能任性、懈怠,不能泄露身份,小心包裹自己,成为龙族复兴的希望。他们是彼此的朋友。最后那场惊天大战,敖丙要活埋陈塘关,哪吒释放力量力挽狂澜,火尖枪刺到敖丙眼前,却收住了。敖丙问:"为什么?"哪吒说:"因为你是我唯一的朋友。"雷劫来临，哪吒挺而受死，敖丙飞进雷云，脱下万龙甲，跟哪吒一起抵御天劫。哪吒问："为什么？"敖丙说："因为你是我唯一的朋友。"他们紧握住彼此的双手，向命运发起抗争。凛然的兄弟情、朋友义，让人又高兴又感动。

岁月和经历是一个大筛子，最后留下来的，才是真正的朋友。真正的朋友，也许有过磕绊，也许曾经走散，但他一定是在关键时刻，可以给你支撑和力量的人。交友需要选择真朋友，对待朋友亦需要友爱宽容。

人生是一场选择

魔丸转世的哪吒，人嫌狗不待见，其他孩子喊他妖怪，骂他打他；他想为村民做好事，村民怕他恨他不信他。"人们的成见犹如一座巨山，任你怎么努力都休想搬动。"小小的哪吒满腹委屈，所以他桀骜不驯，四处闯祸——"他们把我当妖怪，我就当妖怪给他们瞧瞧"。可是，他救了小女孩，跟海夜叉搏斗，又与敖丙厮杀。大战中，哪吒为了获得力量，破开了乾坤圈，但一句"不能全解，全解会丧失意识"的克制，让人动容。那一刻，他能量炸裂，现出三头六臂，如火莲绽放，睥睨万物。"我命由我不由天，是魔、是仙，我自己说了才算。"命运由自己，魔佛一念间。

"打破成见，做自己的英雄。""你是谁只有你自己说了算，也就是在于自己的选择，而不是去相信什么命中注定。"这是导演对这部电影的解读。选择不认命，才是自己的命。人生，不是一场先天宿命，而是一场后天选择。

同学们能从这部电影中感受父母之爱，感恩父母；从中学会如何择友交际，明辨是非；从中学会不惧生活困难与挫折，勇于面对，积极进取；最终拥抱真善美，阳光地学习生活。那这部影片的德育意义就得以深层挖掘，真正发挥德育作用。

电影对对碰

一、观影准备

1. 小调查。

（1）你的爸爸妈妈做过哪些让你感动的事情？又做过哪些让你不满的事情？

（2）在你认识的朋友或者身边的人中，你最好的朋友或者最喜欢的人是谁？评价一下他（她）。你和他（她）是怎么相处的？

2. 忆一忆。

回忆一下：自己在学习和生活中有没有一些坏毛病、坏习惯？如果有，给你带来了哪些不良后果？

二、电影沙龙

1. 哪吒是个怎样的孩子？从哪里看出来的？

提示：①人之初，性本善。哪吒想为村民做好事，但人们却畏惧他。

②他故意捣蛋，故意吓唬人，藏起善意，伪装自己。

③心本善良，大是大非面前选择正义、善良。

④哪吒师从太乙真人期间，调皮捣蛋，笑料百出。但在自己本心向善、父母善意谎言、师父教导之下，也用心学习本领。

⑤哪吒为了获得力量，破开了乾坤圈，在这之前，为防止父母阻止自己，他困住父母并下跪告别"谢谢你们"。哪吒感谢父母辛苦付出，心存感恩，理解父母的不易，爱父母，但忠孝两难全。

⑥敖丙威胁陈塘关，哪吒与之交战，力挽狂澜。两人虽战，却惺惺相惜。雷劫来临，哪吒挺而受死，敖丙飞进雷云，跟哪吒一起抵御天劫。他们紧握住彼此的双手，向命运发起抗争。如此兄弟情谊，让人高兴、感动。

2. 敖丙是个怎样的孩子？从哪里看出来的？

提示：①敖丙背负家族的使命，不能任性、懈怠，有责任心、上进，不能泄露身份，小心包裹自己，成为龙族复兴的希望。我们同龄人也都背负家人期望，但要劳逸结合，不要给自己太大压力。父母是第一任老师，家庭教育很关键。

②机缘巧合救了被水鬼抓的小女孩，又因此结识哪吒，两人敞开心扉，成为朋友，让我们看到了朋友间真挚的友谊。

③敖丙为家族利益，筑起万吨冰块，威胁陈塘关。大是大非面前，选择自私。

④雷劫来临，哪吒挺而受死，受哪吒言行影响，敖丙飞进雷云，跟哪吒一起抵御天劫。他们紧握住彼此的双手，向命运发起抗争。友情、榜样力量相互激励，最终战胜困难。

3. 哪吒的父母、师父联合起来欺骗哪吒是灵童转世，这样的谎言可取吗？你是如何看待的？你身上或身边有这样的事发生过吗？

提示："良言一句暖三冬，恶语伤人六月寒。"人们之间的感情就像一件透明的玻璃瓶，无情的话像一把锤子，一段关系的破裂总是从说无情话开始的。说话之前应设身处地，换位思考一下。语言也是一种教育智慧，"善意的谎言"是一种爱的表达，可以引人向善能挽救人。亲历的感受最为亲切，也最具有教育性。

4. 从电影中对哪吒喊打喊杀的村民身上，你看到了谁的影子？你想对他们说些什么？

5. 你在班级里或朋友之间被人误解、排挤过吗？如果有，你是怎么想、怎么做的？

提示：要正确看待别人的眼光，宽容友善，用正确、真诚的做法去打破别人的偏见。

6. 你自己做过的错事中最让你印象深刻的是哪件事？你后来又是怎么改正或弥补的？感受如何（或今后要怎么去做）？

三、趣味活动

1. 演一演。

跨越时空，走进神话，分别与"幼时"调皮捣蛋的和"长大"后救世救民的哪吒做一天朋友，你想和他说点什么、一起做些什么？

提示：表演按哪吒不同年龄层可以分两类小组、两种形式（生生表演、师生合作表演）展开，全班展示。评价，点出表演和内容优缺点。

2. 编一编。

尽情想象，续编电影。

提示：可以结合具体的场景来说，比如哪吒一家今后的生活、哪吒与敖丙今后的相处等。

拓展延伸

选取影片中你最感兴趣的片段，小组集体创作一份创意小剧本。注意做好动作、神态、文字布局等细节处理。在合作的过程中，发挥小组成员的智慧，集思广益，争取能成功变为真人表演小剧场。

学习小英雄，铸就爱国心
电影《鸡毛信》

□ 付盼盼（山东省东营市河口区河安小学）

导演：石挥
类型：战争／剧情
制片国家／地区：中国
上映年份：1954 年

德育主题

《鸡毛信》这部电影讲述了龙门村儿童团团长海娃奉命给八路军送鸡毛信的路上所发生的故事，讴歌抗战时期中国儿童热爱祖国、坚强勇敢、敢于奋斗的良好品质，让学生了解中国少年儿童在抗日战争时期的牺牲和贡献，引导学生学习小英雄身上的家国情怀及优秀品质。敬仰民族英雄与革命先烈有助于教育和引导学生热爱祖国、热爱党、热爱人民，继承革命传统，弘扬民族精神，做自信、自尊、自强的中国人。

电影赏读

一、情节回顾

龙门村儿童团的团长名叫海娃，他接受了民兵中队队长（海娃父亲）让他送鸡毛信的紧急任务后，拿起放羊鞭子赶着一群羊，毫不犹豫地踏上了征程。他刚一进山谷，迎面就来了一群日本兵。为了躲过敌人的搜查，海娃把鸡毛信绑在了一只羊的尾巴下面，就这样过了一关。日本兵想抢海娃的羊群，以便他们杀羊美餐，硬是让海娃赶着羊随他们走。海娃装作顺从的样子，随他们走了。晚上在一个村庄休息，日本兵横七竖八地躺在一个大房间，把海娃堵在中间，门口还有岗哨。夜深了，万籁俱寂，月光轻柔，可是海娃的心一点也不平静。信还没有送到，怎么办呢？海娃趁他们睡熟的时候，轻轻地一步一步地挪动，满头大汗也顾不得擦，终于逃出了敌人的魔掌。此后，又经过几番曲折和跋涉，克服了重重困难，他终于把信送到了八路军张连长手

中。这样,按照鸡毛信中作战的时间、路线,八路军与民兵一举炸毁了敌人的炮楼,夺回了被敌人抢走的粮食、物资,还活捉了敌人的头头"猫眼司令",为百姓除了害。

二、主题解读:没有国哪有家

观看电影《鸡毛信》,重温那个战争年代的历史,有一种热血沸腾的感觉,无数人用鲜血换来了我们如今的幸福生活,如海娃一样的小英雄们给我们树立了榜样——忠于祖国,忠于党,忠于人民。

1937年,日本发动全面侵华战争,在日本侵略者的铁蹄下,多少人家破人亡,多少儿童失去父母亲人,甚至惨死夭折……一批又一批的爱国志士,不甘心国家的沦亡,前仆后继地奋起抗争,终于实现了民族独立,建立了新中国,千百万被奴役被压迫的劳苦大众昂首阔步揭开了中华民族复兴的新篇章。而如海娃一样的孩子们加入抗日儿童团,主要任务是学习、生产,同时也担负着"宣传抗日""侦察敌情捉汉奸""站岗放哨送书信"等任务。孩子的生活获得了希望,同时也壮大了抗日队伍的力量,在严峻的对敌斗争中,他们年龄小、不被注意,深入敌后,迷惑敌人,尽己所能,为抗战胜利做出了巨大的贡献,是优秀的革命接班人。

这部影片教育少年儿童不管身处何时何地,都要有家国情怀,热爱祖国,

紧跟中国共产党的领导,懂得"没有国哪有家"的道理。

我是中国人我骄傲

抗战团结和教育了全国人民,同时也培养出了中国的小主人。全国广大少年儿童在党的领导下,为抗战胜利做出了不可磨灭的贡献,出现了许多可歌可泣的英勇斗争事迹,涌现出一大批值得永远怀念和歌颂的少年英雄。这些少年英雄的模范事迹,被写入书籍报刊,被制作成电影、电视剧、动画等,为人们所传颂。

1938年6月,毛泽东同志在为《边区儿童》的题词中写道:"儿童们起来,学习做一个自由解放的中国国民,学习从日本帝国主义压迫下争取自由解放的方法,把自己变成新时代的主人翁。"1942年儿童节时,他又为《解放日报》题词:"儿童们团结起来学习做新中国的新主人。"朱德同志也曾对少年儿童们指出:"斗争与学习缺一不可。"在中国弱小时,如海娃一样的少年们,以国事为己任,前仆后继,临难不屈,不怕牺牲,保卫祖国,这种可贵的自尊自强精神值得我们学习。

而今,建设祖国需要很多的人才,而我们少年就是有希望成为人才的人。我们要适应时代发展的要求,正确认识祖国的历史和现实,增强爱国的情感和振兴中华的责任感,树立民族自尊心与自信心,弘扬伟大的中华民族精神,高举爱国旗帜，锐意进取，自强不息，艰苦奋斗，顽强拼搏，真正把爱国之志变成报国之行。今天为振兴中华而勤奋学习，明天为创造祖国辉煌未来而贡献自己的力量！

 电影对对碰

一、观影准备

1. 小调查。

（1）你知道哪些抗日战争中发生的历史故事？你还读过哪些抗日小英雄的事迹文章或看过有关影视作品？

（2）你给别人写过信吗？见过信封上插有鸡毛的信吗？

2. 忆一忆。

在你读过的抗日小英雄的故事中，给你留下印象最深刻或者你最喜欢的人是谁？评价一下他（她）。你最敬佩他（她）身上的哪一点？

二、电影沙龙

1. 海娃是个怎样的孩子？从哪里看出来的？

提示：①认真负责，斗争经验丰富。开头解说词中说海娃是儿童团团长，天天拿着红缨枪，在这前山上，一边放羊，一边放哨，监视着前边平川地里边敌人的据点。海娃在送信途中还留心消息树的情况。

②与伙伴配合默契团结协作。只要鬼子一露头，海娃就把这消息树拉倒，

后山腰上狗娃和桂妞一看消息树倒了，就把这草人也拉倒。村子里的人，立刻就知道敌人要进山啦。

③沉着机智。海娃年少人小，但面对突发情况，他不慌不忙，急中生智，把鸡毛信藏在羊尾巴下。他还伪装无知，巧答盘问，与敌人虚与委蛇，保全了自己的性命，掩藏了自己的"小八路"身份。还有半夜敌人睡熟后带信逃跑等，他的机智勇敢令人敬佩。

④坚强勇敢、敢于斗争、不怕牺牲。海娃面对敌人刺刀枪炮的威胁恐吓，没有投降屈服，一直勇敢面对，即使被敌人打伤晕倒也没有委屈喊痛，将个人安危抛诸脑后，一心想的都是不让敌人发现鸡毛信。

⑤放羊手艺娴熟，爱护小动物。海娃平时放羊，与小羊们朝夕相处。敌人抢夺并杀害自己喜爱的朝夕相处的小羊时，他抓紧怀里小羊，眼含泪水，这一幕幕都把海娃对小羊喜爱与爱护之情表现出来了。

⑥热爱祖国，憎恨厌恶敌人。

2. 敌人是怎样对待村民与海娃的？海娃又是如何处理鸡毛信以及与敌人斗争的？

提示：①敌人烧杀抢掠、无恶不作。

②海娃临危不惧，机智应对，为完成任务不惜涉险，巧妙转移敌人注意力，

克服又累又困又冷的困难,与敌人斗智斗勇。

3. 是什么让海娃不惧强大、残忍、狡猾的敌人,并最终成功送出鸡毛信,出色地完成了爸爸交给他的任务,让八路军及时获得了准确的敌方信息?

提示:①他的家国观念——"我是中国人,不当亡国奴"。

②自身拥有的优秀品质,平时认真负责积累了丰富的斗争经验,遇事沉着机智、坚强勇敢。

4. 从电影中日本侵略者和伪军身上,你看到了什么?你想对他们说些什么?

提示:侮辱、奴役、惨杀……学生通过电影真切感受那段流淌着中国人民血与泪的惨痛历史,认识到侵略者的残暴无情和卖国贼的无耻可恨,明白树立家国情怀的重要性,明白落后就要挨打,立志要为中华崛起而读书、为实现中国梦而奋起努力。

5. 赞美小英雄。

提示:可以说一两句肺腑之言,也可以做一首小诗或者朗诵一首古诗,发挥你们的特长,用不同的形式表达你对海娃小英雄的敬意。

6. 身边现代小英雄。

提示：现在我们生活在和平年代，我们生活在幸福与快乐之中，在我们周围也涌现出了一些小英雄，他们勤奋好学、艰苦朴素、乐于助人、敢于和坏人坏事作斗争，你能找到吗？夸夸身边的现代小英雄。

三、趣味活动

1. 我是小演员。

跨越时空，走近海娃，与他做一天儿童团战友或亲人，你想和他说点什么、一起做些什么？

提示：表演时注意不同角色的特点，战友要参与对敌斗争或一起做任务等，亲人主要是平时在家的相处等。

2. 我是小编剧、小导演。

尽情想象，续编电影故事。

提示：可以结合具体的场景来说，比如海娃又接到了一个新的任务……这次他又要面对哪些敌人，遇到什么突发状况，又是如何发挥自己的聪明才智完成任务的。

3. 我是小画家。

片头字幕像一本连环画一页一页揭过，使我们像翻看连环画一样亲切。每一幕的开头，也模仿连环画的说明写上字幕，吸引我们的注意力。以我手画我心，让我们也来创作鸡毛信故事系列连环画，表达对海娃的敬佩之情吧！

 **拓展延伸**

1. 阅读故事原著作家华山的小说《鸡毛信》，比较小说与电影创作表达的相同与不同之处。

2. 阅读故事读后感、观影影评等优秀儿童作品，倾听、学唱《歌唱二小放牛郎》等爱国儿童歌曲，与朋友和家人交流。

3. 像海娃这样的小英雄有很多很多，让我们走进那段可歌可泣的历史，一起去读读、交流分享吧！比如《小兵张嘎》《雨来没有死》。

坚守信念，义无反顾
电影《风语咒》

□ 刘江莲（山东省东营市胜利河口第一小学）

导演：刘阔

类型：奇幻／动画

制片国家／地区：中国

上映年份：2018 年

德育主题

拥有健康的心理,引导正确认识自我;认识每一个生命的独特性;学会学习和生活,提高自主、自助和自我教育能力,尊重生命,提升生命的价值;增强调控心理、应对挫折、适应环境的能力;开发心理潜能,形成健全的人格和良好的个性心理品质,成长为身心健康,具有社会责任感、创新精神和实践能力的人。

我们每个人都有要守护的东西,即便面对无比强大的敌人,面对无法预知的未来,都应该义无反顾地走下去。

电影赏读

一、情节回顾

生活在孝阳岗上的少年郎明有着一个伟大的侠岚梦想,但他却非常不幸,出生就双目失明,五岁父亲失踪,从小和母亲生活。他油嘴滑舌,用盲人的听力帮母亲赌博混日子。直到有一天,他吃掉一个不明陀螺后恢复了视力。此时,凶兽罗刹袭击了孝阳岗,与郎明相依为命的母亲梅姐

也突然失踪了。郎明为了找到母亲，遇到了小妖孽。小妖孽为了得到郎明吞掉的陀螺，告诉郎明她能找到他的母亲。于是，郎明跟着小妖孽上路了。小妖孽的主人想唤醒上古神兽饕餮。最终，小妖孽记起儿时的郎明，不惜自杀拒绝主人用自己身上的"零"力杀郎明。郎明也不惜用刀割瞎自己好不容易复明的双眼去练"风语咒"。最终，郎明封印了饕餮，保护了村庄。

二、主题解读：坚守

我们每个人都有要守护的东西，即便面对无比强大的敌人，面对无法预知的将来，都应该义无反顾地前进。这种精神的力量在影片中多次展现，我相信这种精神不仅感动了我，也会激励更多人成为这样的人。

母爱的坚守。郎明是个盲人，郎明的妈妈为了儿子的眼睛可以看得见，已经去郎中那儿两千三百三十三次了，可是郎明的眼睛丝毫无起色。郎明的妈妈这一生最大的愿望就是让郎明重见光明，拥有和正常人一样的人生。为

此，郎明的妈妈甘愿变成罗刹（一种吃人的怪兽），而罗刹最终的命运就是成为饕餮的食物。坏人告诉她，只要她变成罗刹，就可以实现让儿子眼睛复明的愿望。梅姐为让儿子重见光明，不怕变成凶兽罗刹，不怕成为饕餮的食物，不怕牺牲生命。母爱真是感天动地！生活中，母亲对子女爱的坚守的事例不胜枚举。2008年5月12日的汶川地震中，便有母亲用自己佝偻的身体为小婴儿支撑起一个小空间，为孩子争得活命的机会。母爱的无私与坚守，被人们世代歌颂。

父爱的指引，正气的坚守。郎明的父亲手掌没有侠岚印，玖宫岭的侠士们不接受他。但是，他身上体现出来的正能量和胸

怀触动了我们。儿子郎明出生就眼瞎。他没有自怨自艾。他向儿子传授的价值观都是非常有正气的。他想做侠岚，虽不被侠岚们认可，但他没有以奇才自负，而是正确认识自我，尊重生命，提升生命价值。就是这个有着健全人格和良好心理品质的人，拯救了村民，为了封印邪恶的"零"，他牺牲自我。这是对正气的坚守，也是本片的精神所在。

亲情、友情的坚守。郎明知道母亲为了自己双眼复明，变成罗刹，即将被饕餮吃掉时，不顾自己的安危，一个人闯进敌人的阵地。在罗刹群里撕心裂肺地呼唤着即将成为饕餮食物的妈妈。郎明为了拯救世界、为了救回妈妈，宁愿用刀割瞎自己好不容易复明的双眼去练"风语咒"，这是亲情的坚守。复明后的郎明在寻找妈妈的途中结识了被怪兽"零"附身的女孩，最后女孩为了帮助他而自杀了，这纯真的友情也让我们看到了坚守。即便是最平凡的普通人，只要有想守护的人和事，心中有爱就会无所畏惧、义无反顾。

《风语咒》是一个关于友情、亲情的故事，是一个关于寻找自我的故事，是一个关于正义战胜邪恶的故事，是一个能使观者热血沸腾的故事。影片告诉我们：只要心存正念、心存坚定，在哪里都是守护正义。

电影对对碰

一、观影准备

1. 想一想，哪些故事深深地触动你的内心，你能列举一下吗？你读过的故事中令你印象深刻的故事是关于什么主题的？

2. 回忆一下，在生活中，你遇到一些危害他人的事情时，有没有去主动制止的？对于一些有利于他人的事情坚持去做的？

二、电影沙龙

1. 郎明从小就有的梦想是什么？他的梦想实现了吗？

提示：郎明从小就想当侠岚，和所有小孩子一样，都想当护卫天下的英雄。郎明最后没去玖宫岭当侠岚，因为他明白了只要心存正念、心存坚定，在哪里都是守护正义。

2. 电影中的郎明是个什么样的人？从哪里看出来的？

提示：郎明天生是个盲人，但是在爸爸的教育下，他从小就想当侠岚。他能正确认识自己，也学会适应生活。他双目失明，别的小朋友会欺负他，但是小朋友出现危险时，他挺身而出。他是个善良、有侠义心肠的人。知晓妈妈变成罗刹，他不顾自己的安危，一个人闯进敌人的阵地。他是个重亲情的人。为了拯救世界、为了救回妈妈，他割瞎自己好不容易复明的双眼去练"风语咒"，这是个重亲情、有正义感和社会责任感的人。郎明也是个天赋极强的人，在关键时刻他领悟了风语咒的秘诀，拯救了人们。

3. 郎明的妈妈是个怎样的人？从哪里看出来的？

提示：郎明的妈妈从郎明五岁时就独自抚养儿子，生活很艰辛。她独自挑起为孩子治眼的重担。郎明的快乐，不得不说与母亲坚强及无私的爱有关。为了儿子重见光明，梅姐不怕变成凶兽罗刹，不怕成为饕餮的食物，不怕牺牲生命。母爱的无私与强大，震撼了观众的内心！

4. 郎明的爸爸是个怎样的人？从哪里看出来的？

提示：郎明的爸爸是一个有理想、有正气的人，他拯救了村民，为了封印邪恶的"零"，牺牲了自己，是个有正义感的人。

5. 郎明的朋友"小妖孽"是个怎样的人？从哪里看出来的？

提示：复明后的郎明在寻找妈妈的途中结识了被怪兽"零"附身的女孩"小妖孽"。这个女孩失忆了，为了找回记忆，她做了饕餮仆从的跟班。女孩的主人一次次胁迫她干坏事，要她杀了郎明。最后女孩为了保全郎明而选择了自杀。女孩心中有爱，因为爱，变成了一个无所畏惧、义无反顾的人。

6. 在生活中，你有过制止同学不当举止的行动吗？是什么样的事情？后来怎么解决的？

提示：这个问题意在提醒孩子们，在日常生活中也可以做一个是非分明、能辨美丑的人。

三、趣味活动

1. 我是小法官：说一说该怎样做。

（1）小丽嘲笑新转来的同学又土又笨。

（2）好朋友做得不对时要及时指出来。

（3）考试的时候，小明把自己的答案给好朋友抄。

（4）小宁经常欺负班上弱小的同学。

2. 实践小达人。

同学中有不正确的见解和做法，敢于指出，并守护正义的一方。

拓展延伸

1. 好片推介

选取电影中你感触最深的情节，向人推介，注意组织好自己的语言，说清楚自己要表达的观点；也可以写一篇推介的文章。

2. 收集关于坚守的名言

（1）只有毅力才会使我们成功，而毅力的来源又在于毫不动摇，坚决采取为达到成功所需要的手段。——车尔尼雪夫斯基

（2）像蜡烛为人照明那样，有一分热，发一分光，忠诚而踏实地为人类伟大事业贡献自己的力量。——法拉第

（3）忍耐和坚持虽是痛苦的事情，但却能渐渐地为你带来好处。——奥维德

第三板块 自然伦理与生态文明

01 认识物种多样
02 树立环境意识
03 理解和谐共生
04 主动保护动物
05 审视人类行为

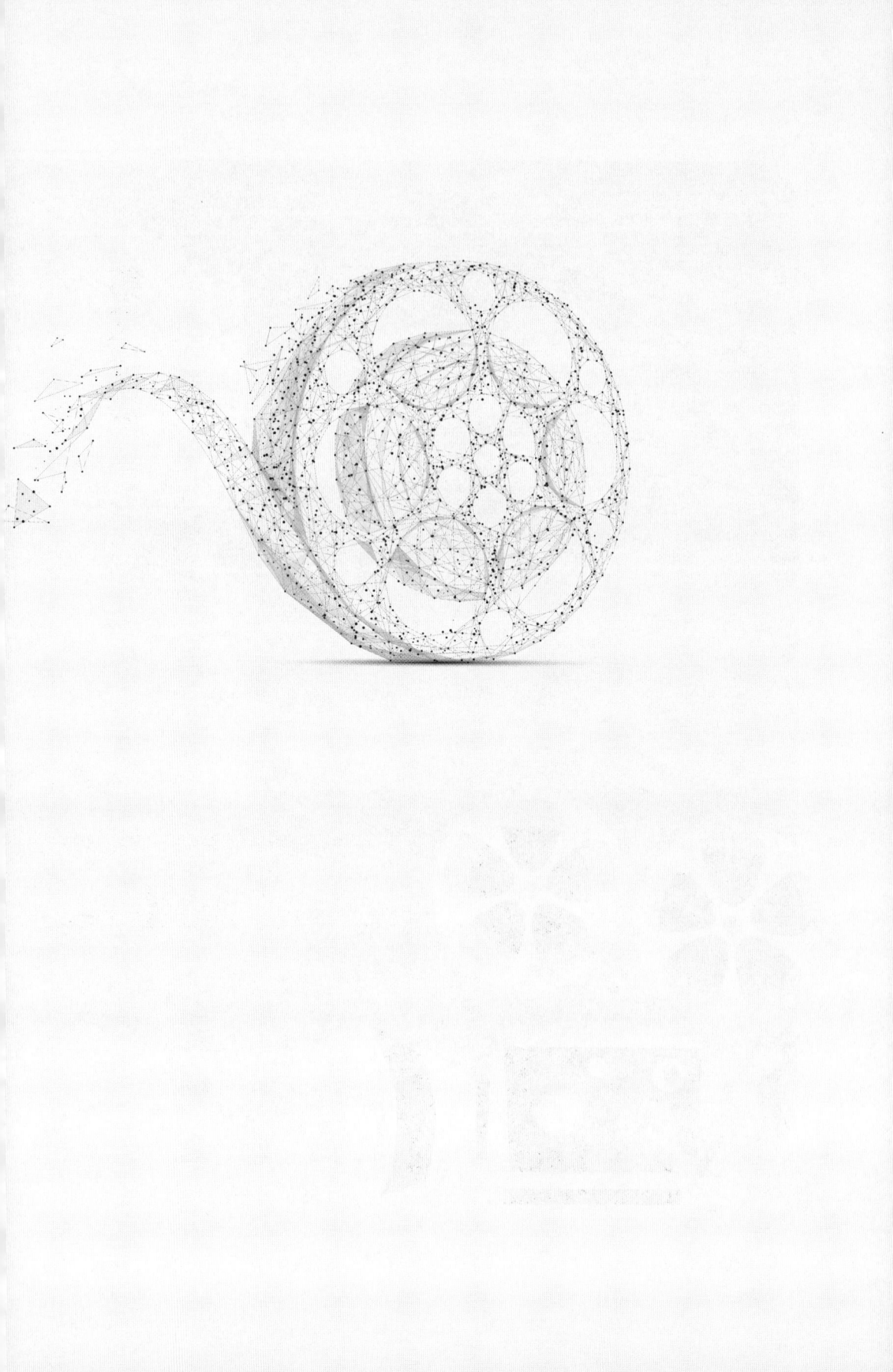

永不放弃，爱在心底
电影《海底总动员》

□ 刘晓薇（山东省东营市东营区景苑学校）

导演：安德鲁·斯坦顿／李·昂克里奇

类型：动画

制片国家／地区：美国／澳大利亚

上映年份：2003 年

德育主题

这部影片告诉我们应该自强、自立，不能总依赖他人，也让我们知道了自信与勇气对一个人的重要性。《海底总动员》动员的不仅仅是那些鱼儿，更是动员了我们的思想——人生路上，遇到困难的机会可能比幸运更多，我们是做一个永不放弃的人还是做一个畏难怕苦的人？跟着父子俩的身影，你一定能找到答案。是的，别放弃，再坚持一下！

《海底总动员》是一部对学生进行抗挫折教育的佳作。

电影赏读

一、情节回顾

《海底总动员》的主角是一对可爱的小丑鱼父子。父亲马林和儿子尼莫一直在澳大利亚大堡礁中过着安定而幸福的平静生活。马林一直谨小慎微，行事缩手缩脚，虽然已经身为人父，却依然是远近闻名的胆小鬼。也正因为这一点，儿子尼莫常常与马林发生争执，甚至有一点瞧不起自己的父亲。有一天，一直向往到海洋中冒险的尼莫，游出了他们所居住的珊瑚礁。正当尼莫想要舒展一下小尾巴的时候，一艘渔船毫不留情地将欢天喜地的尼莫捕走，并将他辗转卖到悉尼的一家牙医诊所。

心爱的儿子生死未卜，这对于马林来说无异于晴天霹雳。尽管胆小怕事，但为了救回心爱的孩子，马林还是豁了出去。他决心踏上寻找儿子的征程。虽说已下定决心，但这并不代表马林可以在一夜之间克服怯懦。途中与大白鲨布鲁斯的几次惊险追逐，便很快令他萌生退意，险些使父子重聚的希望化为泡影。幸运的是，马林遇到了蓝唐王鱼多莉。多莉是一条热心助人、胸怀宽广的大鱼。虽然她严重的健忘症常

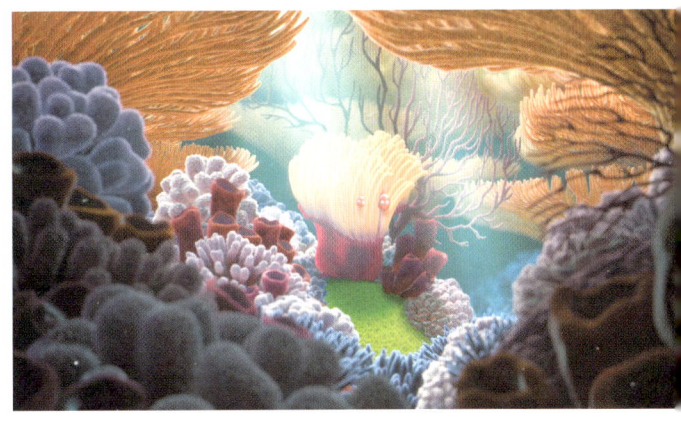

常搞得马林哭笑不得，但是有多莉在身边做伴，马林渐渐明白了如何用勇气与爱战胜自己内心的恐惧，也懂得了一生中有些事情的确是值得自己去冒险去努力的。就这样，两条鱼在辽阔的太平洋中冒险，他们交到了形形色色的朋友，也遭遇了各式各样的危机，而马林也终于克服万难，与儿子团聚并安全地回到了自己的家乡。经过这次考验后，过去那个胆小鬼马林成了儿子眼中真正的英雄！一场亲情团聚的大戏，在一双双充满泪光的眼睛中落下了帷幕。

二、主题解读：一则关于父爱的故事

电影里的小丑鱼父亲做事小心翼翼，被其他动物们笑称为胆小鬼。但父

爱是伟大的，当孩子离家出走被捕获进而被卖到了遥远的城市，平时看起来胆小如鼠的父亲便勇敢地踏上了寻子之路。他在旅途中遇到许许多多的困难，但始终没有放弃。为了救自己的孩子，小丑鱼父亲激发出潜能，一路追寻一路勇敢。俗话说，养儿一百岁，常忧九十九。小丑鱼父亲也是一样。只要还活着，还能动，就要找回自己的儿子。与此同时，儿子尼莫也在同伴的协同下努力创造机会，准备逃离鱼缸。他们为了心中的目标，一次次努力，一次次失败，又一次次振作，一次次向着成功出发。除了可敬的父爱，我们还被他们永不放弃的劲头鼓舞着、吸引着、感动着。

一、观影准备

1. 小调查。

（1）在生活中，在学习中，你遇到过哪些困难？你是怎么解决的？放弃了

还是攻克了?举个例子谈谈吧。

(2) 请回忆自己当时的心情,用一两个词语来形容一下吧。

2. 在每次克服困难之后,你对自己会有什么新的认识吗?

二、电影沙龙

1. 马林是条怎样的鱼?你从哪里看出来的?

提示:他胆小谨慎,但深爱儿子。可以从故事的细节中看出来,如:不敢让儿子靠近海葵丛,不敢让儿子到更远的地方玩耍;为了救儿子冒险去遥远的大洋另一边,几次退缩又坚持下来,他也在克服着自己内心对未知世界的恐惧。

2. 你喜欢多莉吗?为什么?

提示:多莉是一条健忘的鱼,常常忘了自己刚刚说了什么,但是她的热心、她的陪伴给了马林很多帮助,激发着马林克服困难前进的动力。

3. 尼莫不想永远待在家的附近,在出去活动时不听爸爸的劝阻,真的遇到了危险,还连累爸爸走上了冒险之路,你支持他吗?

提示：支持。虽然他因玩耍被捕捞，但自己在不断地努力自救。

4.尼莫后来展开了一系列的自救行动，最终获得成功。你对此怎么看？

提示：尼莫的勇敢乐观感染着我们。我们的学习生活之路也一定会遇到意想不到的困难，要勇敢面对、努力改变，把困难当作自己前进的阶梯。

5.生活中，有没有一些人一些事让你感受到坚持的力量？举个例子吧。

提示：可以去了解奥运会、残奥会等赛事中的运动员，认识典型人物事迹，感受坚持的力量。

6. 面对困难和挑战,你敢迎战吗?

提示:困难像弹簧,你弱它就强。要坚信自己一定能扛过去,给自己打气,也要相信团队的力量,可以适时地寻求帮助。

 拓展延伸

1. 给这部电影里你最欣赏的角色画一幅画像吧!
2. 几位同学合作把这个故事改编成绘本。

尊重生命，关爱自然
电影《雪人奇缘》

□张继红（山东省东营市胜利河口第一小学）

导演：吉尔·卡尔顿／托德·维尔德曼

类型：喜剧／动画／冒险

制片国家／地区：美国／中国

上映年份：2019 年

德育主题

影片《雪人奇缘》里有雪人、有冒险、有梦想，向我们讲述了善良的小女孩小艺和邻居小伙伴对雪人的关爱和他们之间真诚的友谊以及自身成长的故事。树立科学的自然伦理观，尊重生命，珍爱自然，主动、合理地保护环境，增强环保意识，是本片的教育主题之一，也属于中小学素质教育的德育目标范畴。教育和引导学生认识人与自然和谐相处的可持续发展理念。

电影赏读

一、情节回顾

一只白色怪兽逃离实验室，被工作人员追捕。他受伤后逃到了小女孩小艺家的楼顶。小艺生活在单亲家庭，爸爸的离世给她带来莫大伤害，进入青春期的小艺变得孤僻而特立独行。她为自己开辟了楼顶私密空间，没事就一人待在里面。这天晚上，小艺偶然发现了逃跑的雪人，善良的她虽然心里很害怕，但还是帮助雪人躲过了追捕它的直升机。经过几天的相处，小艺得知这只白色怪兽来

自遥远的珠穆朗玛峰。

这天,邻居阿俊和鹏鹏无意间发现了这只白色怪兽,他们受惊后赶紧报了警。雪人再次遭到追捕。小艺和雪人一起逃,阿俊和鹏鹏也紧随其后。他们一起躲进了船上的集装箱,集装箱刚上岸就被货车运走并一路颠簸到了山林。正在四人饥肠辘辘之时,雪人用魔力下起了蓝莓爆浆雨。冒险抵达黄山时,他又把蒲公英变成了巨大的降落伞。之后,他们在竹林谈心,在油菜花海和雪山中惊险不断。

最终,他们穿越行程数千千米,护送雪人与家人幸福团聚。小艺一路上护送雪人,也得到了他的帮助,完成爸爸曾经的承诺——游览祖国大好河山。

二、主题解读:送雪人回家

"但解救冰封的心,只能靠一个发自真爱的行动。"失去父亲的悲痛一直打击着小艺,她悲伤地生活在自己的世界里,对家人、朋友自我封闭。唯有爸爸留下的小提琴可以解除她的几丝哀伤。父亲生前曾许诺带她游览祖国的大好河山,为了实现父亲这个未竟的愿望,小艺每天早出晚归,打工挣钱。

对怀揣梦想的人来说，一切苦难都是小事。为了挣足旅费，她帮人家遛狗、照顾小孩、打扫卫生，还到餐馆打工。一个拥有梦想、倔强勤劳的小女孩，让人心中不禁充满了怜惜。这样一个敢于追梦、靠自己的双手实现梦想的人，也有着一颗善良、勇敢的心。正是如此，当她遇到具有魔力的生灵，善良、爱心与梦想相互碰撞，发生了奇迹。

大毛，来自世界屋脊的雪人，是极具神秘色彩的生物。他在逃离追捕时，躲进了小艺的超级小屋。善良的小艺给雪人送包子吃，买药为雪人治伤，拉小提琴为他音乐疗伤。因害怕受到伤害而拒绝人类的雪人，感受到了人性的善良。

"爱就是把某个人看得比你自己重要。"小艺理解雪人渴望回到温暖的家乡，他们开启了雪人回家的冒险之旅。尽管一路被追捕，勇敢、善良的他们也总能躲过劫难。饿了有蓝莓爆浆雨，遇到追捕有蒲公英热气球，他们还在油菜花海冲浪，等等，大家的冒险之旅惊险又神奇。

来到乐山大佛脚下时，小艺发现，自己曾经想跟爸爸去的地方——千岛湖、黄山、香格里拉、戈壁、乐山大佛等，都一一出现在旅程中。大毛还用

自己的毛发当作她小提琴的琴弦，琴弦熠熠生辉，小提琴焕发出生命的活力。

面对法相庄严的乐山大佛，大毛示意小艺拉起心爱的小提琴。琴声充满了小艺对爸爸的思念，如诉如泣，在天空中回荡。霎时，大雨在缭绕的琴声中落下。琴声悠扬，一个个音符犹如一滴滴仙水，落地开花，纯洁的花儿遍地开放，美妙至极，令人陶醉。

"有的人值得你去融化。"雨中的花儿也开在了小艺的心里，逐渐融化了她封闭孤僻的内心，让她对自己有了全新的认知。与其说是自己护送大毛回家，不如说大毛给了自己温暖

的爱，一路陪伴自己成长。大毛的回家之旅，让小艺重新理解爱，理解自己和家人，理解了如何面对世界。

锦鲤祥云腾云驾雾，带着小艺等三人腾空翱翔，来到了珠穆朗玛峰。波老板一路疯狂追捕到雪山下。大毛为了保护小艺他们，施展魔力，让波老板回忆起年轻时曾经看见雪人的情景，他终于明白了，自己想证明雪人的存在而去捕捉他的想法和行为是多么的错误，让雪人自由，重返雪山，才是真正地爱雪人。

当大毛回到爸爸妈妈的怀抱，小艺也找到了自己内心的和平，她敞开心扉，与家人、朋友甚至世界和解。

电影对对碰

一、观影准备

1. 珠穆朗玛峰是世界最高峰，到底有多高呢？

2. 你喜欢旅游吗？你知道中国最有名的名山大川有哪些吗？

二、电影沙龙

1. 雪人大毛来自哪里？他喜欢自己的家乡吗？为什么？

提示：雪人大毛来自珠穆朗玛峰。珠穆朗玛峰是世界最高峰，海拔8848.86米，山顶终年冰雪覆盖。这里白雪皑皑，就像童话中的仙境，因此，有了雪人的传说。这里虽然是冰天雪地，但也是雪人的家乡，他渴望早日回家与亲人团聚。

2. 小艺为什么不在自己的房间里好好休息，却要跑到房顶搭一个简陋的小窝？还要每天辛苦地打工挣钱？

提示：因为小艺的爸爸去世，给她的内心带来巨大的伤害。她把自己封闭起来，不想与家人、朋友沟通，独自一人在小屋里思念爸爸。每天起早贪黑地打工挣钱，是为了实现爸爸生前要带她游遍祖国名山大川的愿望。

3. 遇事就发朋友圈，为了保护自己限量版的球鞋，宁愿光脚走在路上也要把鞋子抱在怀里，这个阿俊是个怎样的人？当小艺跳上船要跟大毛一起走时，他是怎么做的？

提示：阿俊注重外表，每天沉迷于网络上的虚拟社交。同时，他善良，有正义感，愿意为朋友两肋插刀。在小艺跳上船要跟大毛一起走时，他也毫不犹豫地和弟弟一起跳上了船，一路护送大毛回家。经历了曲折的旅程后，阿俊成长了，长成为一个敢于将内心的关心和爱表达出来的真诚的人。他脱离了虚拟

的社交，更加关心自己的弟弟，关心邻家小妹小艺。

4. "啊，我中弹了，一个篮球巨星陨落了!"你记得这句台词吗？是谁说的？你喜欢他吗？为什么？

提示：这句台词是喜欢打篮球的鹏鹏说的。三个小伙伴护送大毛回家，为了帮助三个小伙伴解除饥肠辘辘之感，大毛施展法力，让蓝莓果越长越大，最终蓝莓爆浆。鹏鹏的自嘲，幽默风趣。

5. "虽然生命在于折腾，可是你这么忙、忙、忙的，谁那么需要你啊？你以为你是 Wi-Fi 啊!"这是谁的台词？听到这句台词，你想到了什么？

提示：这是小艺的奶奶说的话。她看到小艺整天忙忙碌碌不着家，见面也不与家人好好交流，总是敷衍了事地说两句，很是为小艺担心。表面上看，奶奶似乎在责备小艺，嘲讽她，实则对小艺充满了爱，希望她不要太忙碌，要学会休息，照顾好自己。更希望小艺能够感受到家人的关爱，敞开心扉，幸福地生活。这是奶奶唠叨而慈祥的爱。

6. 雪人逃跑后，波老板为什么命令手下把雪人捉回，最后又决定放了雪人？

提示：波老板在捉雪人之初，是为了向朋友证实他见过雪人。其实，他也是热爱探险、热爱动物之人,他组建实验室,也是因为喜欢雪人才要研究他。后来,在追捕雪人的过程中,波老板目睹了雪人心中的大爱,为了努力保护同行的男孩、女孩,使用自己的超能量,不惜"牺牲"自己。他感动不已,重新认识了自己,要对大自然充满敬畏,爱雪人就要保护雪人,而不能伤害他。

7. 同样面对雪人,小艺是怎么对他的?女博士是怎么对他的?他们面对雪人的态度不同,结果又是怎样的?从中你明白了什么道理?

提示:小艺第一次看到雪人十分害怕,整整一晚上没敢睡觉。认识雪人后,善良的小艺关心、爱护、陪伴雪人。女博士见到雪人就要追捕他,甚至在雪山上要杀了他,最后被雪人用魔力推进山谷。小艺跟雪人成为患难与共的知心朋友,雪人带小艺游遍大江南北,实现了爸爸生前带她环游祖国的诺言。由此想到,我们在跟朋友的日常交往中,要互相尊重。

三、趣味活动

1. 音乐游戏。

影片中,小艺的小提琴似乎带有神奇的魔力。每当她思念爸爸,就拉上一曲;大毛受伤,她为大毛演奏一曲;乐山大佛前,小提琴声让鲜花满地盛开。在我们的生活中,音乐也具有神奇的魔力。现在请你也唱一首或者演奏一首最喜欢的歌曲,说说这首曲子为你带来了什么。

2. 想一想,演一演。

若雪人大毛无意中爬到你家窗台,你会害怕吗?你会怎么做,怎么说?

提示:鼓励学生两人一组,一个扮演雪人,一个扮演家中小主人,在创设好的场景中想象表演，也可以模拟影片内容进行表演。

 **拓展延伸**

1. 小艺等三人护送大毛的回家之旅惊险不断，景色却无比壮丽，蓝莓爆浆雨、蒲公英降落伞、油菜花海冲浪、锦鲤祥云……请你在他们的旅程中也大胆想象一个场景，写上一段图文并茂的小故事吧！

2. 大毛被送到爸爸妈妈身边时，小艺不舍地说："我真不敢相信旅程结束了。"大毛给了小艺一样什么东西，小艺看了看说："对，没有结束。"小艺为什么这么说？后来她做了什么？快拿起你的笔把你想到的画出来、写下来吧！

融入自然，自在飞翔
电影《蝴蝶》

□ 李武铭（山东省东营市胜利孤岛第一小学）

导演：费利普·弥勒

类型：剧情／喜剧／家庭

制片国家／地区：法国

上映年份：2002 年

 **德育主题**

人与自然如何和谐共生，孩子如何在大自然中汲取成长的力量，是当前教育的重要内容之一。《蝴蝶》就是一部对中段小学生进行自然伦理与生态文明教育的优秀影片。该片通过一个小女孩和一个老爷爷的野外冒险之旅，为我们展开了一幅温馨暖人的自然画卷，探讨了人与自然和谐共生的主题，非常有助于帮助中段小学生尊重自然，理解人与自然的重要性。

电影赏读

一、情节回顾

《蝴蝶》是一部经典的法国剧情片，在法国上映时，广受好评。2002年在中国上映。

老修表匠于廉独居11年，为了兑现早逝儿子的遗愿，他成了一名蝴蝶收藏专家，在家中阳台建了暖房，养了各种各样美丽的蝴蝶。就在于廉收到朋友寄来的7个蝴蝶蛹的那天，他的楼上搬来了一对母女。小女孩埃尔莎只有9岁，母亲经常不能及时回家，有一次放学后，于廉出于好心带埃尔莎回家。埃尔莎却打开了暖房的门，

放跑了一群蝴蝶。于廉非常生气，赶走了埃尔莎。有一天放学，埃尔莎碰巧听到于廉要到野外寻找一种珍贵的蝴蝶，委托房东帮他照看房间。埃尔莎便偷偷潜入于廉的汽车后备箱，一老一少开始了一段奇妙的蝴蝶之旅。

在野外探险中，埃尔莎终于见到了真正的大山、奶牛、小鸟、小溪和蝴蝶，于廉也有机会和山里人家说出了自己儿子生前的遗愿，那就是得到一只伊莎贝拉蝴蝶。这个愿望促使于廉从一个退休钟表匠变成了专业的蝴蝶迷。埃尔莎和于廉也在一路的交流中，成为了忘年之交。

终于在最后一夜的守候中，于廉看到了欧洲最美丽的蝴蝶——伊莎贝拉蝴蝶，但是埃尔莎鲁莽地碰到了幕布，使他没能完成儿子的遗愿，于廉训斥了她。埃尔莎也伤心地离开了宿营地，一不小心落入了溶洞中。经过一番波折，埃尔莎被救出了溶洞，于廉被警方逮捕，埃

尔莎的母亲也意识到要给埃尔莎更多的关爱。

回到巴黎的埃尔莎对蝴蝶产生了浓厚的兴趣，她天天盼望着能亲眼看到蛹变成蝶的那一刻。终于，于廉通知埃尔莎，那一刻就要到来了。令人意外的是，原来当初朋友寄来的黄昏蛹，就是一只伊莎贝拉蝴蝶。"我们去那么远的地方找它，它却在这里等着我们。"蝴蝶是这样，母亲也是这样（埃尔莎的母亲就叫伊莎贝拉）。

二、主题解读：追寻生命的意义

伊莎贝拉是一种珍贵的蝴蝶，每年只飞三天三夜，仅存在于海拔 1800 米的山上，并且多是生活在靠近松树林有风的草地上，想要看到它，只能步行往返。于廉和埃尔莎在 7 天的自然之旅中，共同追寻属于生命的意义。

埃尔莎第一次离开城市，一路上，她沉浸在大自然中，兴奋无比。山里的一切都令她十分新奇。埃尔莎看到了真的大山、草堆、奶牛、小溪、小鱼和蜗牛，从早到晚她围着于廉问个不停。确实，城市里的孩子，太需要到大自然中认识真正的世界。

这一次远足,没有家人的陪伴,没有手机和游戏机,没有过度的关心和照料,埃尔莎要依靠自己,背行囊,步行爬山,在篝火边吃饭、讲故事、睡帐篷,学习聆听风声、鸟叫和虫鸣,感受森林里生命的诞生与死亡。在自然的浸润中,埃尔莎向于廉讲述了一个关于金丝雀的梦。埃尔莎也从一只城市里深陷鸟笼的金丝雀,变成了大山中自由飞翔的蝴蝶。没有比一次真实的山中远足更能激发孩子的生命天性了,一夜之间,埃尔莎开始能读懂大山的美了。除了诗意与活力,大自然可以赋予孩子更多的东西,所以要让我们的孩子脚踏大地,接触自然,去看看真正的大海,去听听呼啸的风声。

于廉一直放不下去世的儿子,儿子的遗愿是得到一只伊莎贝拉蝴蝶,可惜这么多年一直未能实现。于廉陪埃尔莎完成了一次自然之旅,埃尔莎填补了于廉没能陪伴儿子成长的空白,也为于廉带来了好运。回到巴黎,于廉意外地看到了真正的伊莎贝拉蛹变成蝶的那一刻。于廉没有将伊莎贝拉蝴蝶制成标本,而是在埃尔莎的帮助下,放飞了伊莎贝拉,这一刻,他也放下了对儿子14年的愧疚。"死亡也是生命的一部分",于廉开始与人分享关于儿子去世的感受,尝试着让听者主动去关爱自己的孩子,慢慢地走出心理阴影,这是一种积极的变化。而现实生活中,有太多人深陷过去的不幸与

忧伤之中，久久不能脱身，往往将责任归因于自己，生命也日渐沉沦。

伊莎贝拉破蛹成蝶，成功地完成了繁衍的任务，把欧洲最美丽的蝶影留在了他们心中。埃尔莎通过一次冒险，在大自然中汲取了成长的力量，获得了母亲伊莎贝拉的关爱，继续保持了对这个世界的好奇和热爱。于廉终于拥有了一只伊莎贝拉，实现了去世儿子的遗愿，并帮助埃尔莎找回了母爱，实现了与自己的和解。每个人都成为了更好的自己，每个人都找到了生命的意义。

每一个生命都有独特的价值，希望我们都能在有限的生命里，不断追寻属于自己的生命意义。就像伊莎贝拉蝴蝶一样，哪怕只有三天三夜的飞翔，也会给世界绽放美丽的神奇！

一、观影准备

1. 认识蝴蝶和飞蛾的区别。

停歇状态：蝴蝶停留时的翅膀常常是并拢的，多数品种的蛾子休息时翅膀是展开的，有的蛾类在休息时还会并拢成屋脊状。

触须：蝴蝶的触须为棒状或锤状，末端膨大。因此，蝴蝶是鳞翅目锤角亚目昆虫。蛾子的触须雄性呈羽毛状，雌性呈丝状。家蚕就是蛾类的一种，可以为人类提供蚕丝。

身体粗细：相比蛾子，蝴蝶可说是瘦美人了。蝴蝶一般身体纤细，翅阔大，而蛾一般身体短粗，翅也较为狭小。

出没时间：蝴蝶一般是白天活动，飞蛾多是夜晚活动，并且有很强的趋光性。

体型大小：我国蝴蝶的体型一般小于蛾子，国内最大的蝴蝶金裳凤蝶翅展11厘米至17厘米，最大蛾子乌桕天蚕蛾翅展21厘米至28厘米。

2. 了解野外露营物品。

（1）帐篷：根据不同环境选择结构稳定、抗风、防雨性能较强的帐篷。

（2）睡袋：睡袋有羽绒、鹅绒、人造真空棉、抓绒等多种材质的，要根据不同的环境来选择合适的睡袋。

（3）背包：背包应符合人体力学要求，最好有完善的背负系统。

（4）生火用具：打火机、火柴、蜡烛、放大镜。其中蜡烛既可用作光源，又是极好的助燃剂。

（5）照明用具：营灯、头灯、手电筒。

（6）野炊用具：水壶、多功能野炊锅、多功能折刀、餐具。

（7）专用工具：指南针、地图、绳索、折叠锹、针线、渔钩渔线、砍刀、

照相机。

(8) 水和食品：热量大的肉类、糖类、脂类、盐。

(9) 救生箱：解毒剂、消粉、感冒药、止泻药、云南白药、镇痛药、纱布、胶带、绷带。

二、电影沙龙

1. 埃尔莎为什么要去远足？在野外远足中，她都学会了哪些技能？埃尔莎最终实现自己的目的了吗？

  提示：埃尔莎因为缺少母亲的照顾，突发奇想要来一次冒险，便偷偷钻进了于廉的汽车后备箱中，准备和于廉一起去寻找稀有的蝴蝶。很有可能，她也想通过这样的方式，引起母亲的重视。野外远足前，埃尔莎是个地地道道的城市孩子，除了玩游戏机和看NBA几乎没有其他爱好。在这次旅行中，埃尔莎见到了真正的草堆，走过了真正的草地，看到了小溪和小鱼，学会了聆听风声、鸟叫和虫鸣，适应了在篝火边吃饭和讲故事，学会了捕蝶和抓毛毛虫，第一次用心灵去感受山川的美丽……在大自然中，埃尔莎非常自信，非常快乐。回到巴黎的埃尔莎重新回到了母亲的怀抱，听到了母亲说的"我

爱你",也与于廉一起看到了伊莎贝拉蝶变的那一刻。

2. 于廉为什么要去远足?在野外远足中,他对埃尔莎都有哪些转变?最终于廉实现他的目的了吗?

提示:于廉是一个熟练的修表匠,因为儿子的去世,他开始执着于认识蝴蝶,成了一个蝴蝶专家。于廉用十分珍贵的委内瑞拉蝴蝶,和一名蝴蝶收藏家交换了伊莎贝拉蝴蝶标本,并问到了准确的捕捉地点、时间和注意事项。他决定完成儿子的遗愿,捕捉一只伊莎贝拉蝴蝶。但于廉明显还沉浸在对儿子的愧疚之中,当埃尔莎突然"闯入"他的野外远足,他非常地反感。但由于手机没有信号,他不得不临时认养这个"孙女"。随着一路的问答与交流,于廉逐渐打开了心扉,与埃尔莎成了忘年之交。特别是在山里人家住宿的那一夜,他和盘托出了心底的愧疚和遗憾,第二天再次与埃尔莎同行的时候,于廉轻松了很多。当天夜晚,于廉终于看到了伊莎贝拉蝴蝶。回到巴黎后,于廉真正拥有了一只伊莎贝拉蝴蝶,实现了儿子的遗愿。

3. "金丝雀"的梦对于埃尔莎意味着什么?为什么她会做这样的梦?为什么最后会把伊莎贝拉蝴蝶放飞?

提示:在日常生活中,埃尔莎太缺少家人的陪伴,她感到强烈的孤独,因此在埃尔莎的梦中,出现了一只关在笼子里的金丝雀。但这只打开鸟笼的金丝雀并没有飞走,可能是因为它想陪伴埃尔莎,也可能是埃尔莎就是这只金丝雀,不敢飞走,更有可能这个城市就是一个笼子,即使打开了笼门,埃尔莎也飞离不了

这个城市。终于有一天，埃尔莎和于廉共同拥有了一只伊莎贝拉蝴蝶，但是他们仍然决定让它飞走，哪怕它只能飞三天三夜。因为自由飞翔的伊莎贝拉才是最美丽的，生命需要自然，需要自由的空间。

三、趣味活动

1. 制作蝴蝶标本。

（1）需要准备的工具。

展翅板：用来展开蝴蝶、飞蛾、蜻蜓等昆虫的翅膀。木质的最好，也可以用泡沫板代替。

展翅纸带：展翅时，用来固定翅膀的纸带，也可以用蜡纸代替。

昆虫针：用来插在昆虫正中间的针，又叫中心针。型号从 0 号到 5 号，型号越大针越粗。

大头针：圆头的针，在制作过程中用来固定标本身体各部位，可用昆虫针代替。

镊子：用来展翅或整理标本形态。

（2）固定蝴蝶。

①将蝴蝶从三角纸袋取出，捏住蝴蝶胸部，用镊子将蝴蝶翅膀小心分开，将翅膀活动一下。

②将昆虫针从蝴蝶背部垂直刺入胸部,上端留出三分之一,然后将昆虫针垂直扎进展翅板槽沟中间。

③把展翅纸带覆盖在翅膀上,用大头针固定住。

(3) 展翅。

①掀起一边的展翅纸带,用镊子轻轻将蝴蝶前翅往上挑,将蝴蝶翅膀展开到最大的程度,动作要缓慢。

②用大头针从上面固定。注意不要扎到翅膀。

③用同样的方法调整另一侧的前翅,要让左、右前翅的下端边缘处在同一条水平线上。同样,用镊子将下翅轻轻展开到最大程度。

④用镊子的后端将后翅靠近身体部分的褶皱展开,然后用展翅纸压上,用大头针固定住。

⑤调整头部触角,用两根昆虫针在头部交叉插进木板,固定住。完成!

过2周至4周后,等到昆虫完全晾干,从展翅板上取下标本。把标签穿在昆虫针上保留。然后放进标本盒固定好,一个蝴蝶标本就完成了。

2. 田野远足。

如果你看了《蝴蝶》这部电影,也特别喜欢里面的自然风光,为什么不来一次田野远足呢?和自己的父母商量一下,准备好野外物品,开始一次亲近自然的远足吧。

拓展延伸

1. 人物想象。

根据影片中的情节,设想一下埃尔莎10年以后的生活,她的性格是否有变化,她的爱好是否有变化,她和妈妈的感情是否有变化,她会成为一个什么样的人。

提示：要注意在合理想象的框架内，多提供人物具体的言行细节，这样才能传递更真实的人物形象。

2. 资源链接。

（1）电影推荐《夜莺》。

电影《蝴蝶》的导演费利普·弥勒还拍过一部中国电影《夜莺》。该影片讲述了一个老人，带着城市的孙女，经历了一次自然之旅，回到故乡的故事。有兴趣的同学可以观看，或许会对你理解电影《蝴蝶》有所启发。

（2）学唱歌曲《蝴蝶》。

电影《蝴蝶》的主题曲非常好听，完美呈现了旅途中一老一少的对话，其歌词简单、新颖、有童趣，被广为传唱，有兴趣的同学也可以学习一下。

善待生命，和谐相处
电影《熊猫回家路》

□ 张文芳（山东省东营市胜利河口第三小学）

导演：俞钟

类型：家庭

制片国家／地区：中国

上映年份：2009 年

 **德育主题**

善待生命、与大自然和谐相处是生命教育、自然教育的重要内容，也是小学中年级德育目标之一。《熊猫回家路》就是一部对小学生进行生命教育和自然教育的优秀影片。该片通过简单、朴素的原生态记录的方式，凸显了保护动物的主题，有助于中段小学生认识善待生命、和谐相处的重要性。

 **电影赏读**

一、情节回顾

影片中男孩卢娃子在一场大火中失去了父母，从此变得自闭。穷苦的竹农老陈收养了他，却无法打开他的心扉。一只年幼的熊猫因为贪玩远离了自己的家，不幸坠入了湍急的河流。在雨后清晨的森林里，卢娃子发现了奄奄一息的小熊猫。男孩给了小熊猫无微不至的照顾，而小熊猫也让他平静的生活产生了涟漪，他们成了相依相伴的好朋友。但是卢娃子渐渐意识到，他所能给予小熊猫的最大帮助就是送它回到妈妈的身边。于是，怀着依依不舍的心情，卢娃子带着小熊猫一起踏上了回家的路。

电影前半段的卢娃子，一直没有开口说过话，他把自己封闭起来。他总是小心翼翼的样子，其实他心里明白，但他从来不表达。受伤的小熊猫独自在山里求生，让卢娃子感觉就像是他自己，卢娃子救了小熊猫。他把小熊猫当作他唯一的朋友，跟它说话，陪它睡觉，想尽办法喂它吃东西，还代替熊猫妈妈训练它的生活技能。只有跟小熊猫在一起的时候，卢娃子才会说话，

才会笑。

最后，卢娃子冲破一切阻力，帮助小熊猫找到了回家的路，让它和母亲团圆。与此同时，卢娃子和收留他的老陈也成了真正的父子。和熊猫的这段相知相惜的情感，也影响了卢娃子的一生，他后来开始上学，并成了一个保护和研究熊猫的科学家。

二、主题解读：善待生命，和谐相处

这部影片，简单朴素，没讲什么大道理，却能让孩子乃至大人都感同身受，几乎每个热爱生命的人都会产生共鸣。简单的人物和情节，勾勒出明晰的线索，激荡起观众心中那最原始、最纯粹的情感。

回家的路近在咫尺，却又那么遥不可及。小冯出于所谓的科研理论，认为一只大熊猫不能同时养育两个幼仔，要将另一只小熊猫送到实验室；卢娃子只是出于本能、纯粹的感同身受，给孤独迷失的小熊猫以关爱，想让它回到大自然中，回到母亲的怀抱中去。这两条路殊途同归，终点都是温情。卢娃子送小熊猫回家的路，终点是未知的，但结果是皆大欢喜的，他为小熊猫，也为自己，铺就了一条充满温情的回家路。在这些略显平淡的桥段中，表现了人与动物之间最朴实的情感。正是这种朴实的情感、简单而不做作的情节，

才彰显出人们的真实生活,才升华了人与动物相处的关键,也让大家明白了只有大自然才是熊猫的家。

人与自然、动物原来可以这么亲近。情感的真情流露,搭建了彼此情感的桥梁,所以我们要善待动物,热爱大自然,让世界充满爱。在我们的生活中,人和动物和谐相处的画面随处可见。我们和动物们都是地球的主人,动物让我们的地球更加美丽,是人类的好朋友。然而,有一些人为了个人的私利,不断地残害人类的好朋友。

在实际生活中,我们不可能像卢娃子那样近距离地接触大自然中的动物群体,这时候,电影的魅力就显现出来了,我们可以引领孩子透过电影感受人与自然的和谐。在看电影的过程中,孩子们会自然地通过角色、情节走进电影所塑造出的世界,仿佛自己也跟着卢娃子、熊猫一起经历故事的跌宕起伏,在这个过程中,孩子们一定会受到教育。

从另一个角度来说,对孩子进行善待生命、和谐相处的教育是一件多么重要的事情。小孩子因为社会角色的原因,不善待动物可能铸不成大错。但是,如果长大成人,对下一代也如此言传身教,那不知道会给国家、社会和我们赖以生存的大自然带来多大的危害。所有动物都有一个属于自己的大家庭,都有属于自己的自由与快乐。最终,如果能让学生明白善待生命、和谐相处的重要性,这部电影的德育目标也就达成了。

电影对对碰

一、观影准备

1. 小调查。

影片拍摄于 2008 年"5·12"汶川地震之前,制作完成于地震之后,其间饰演熊猫妈妈的那只熊猫不幸遇难,影片中的石屋、吊桥,以及美丽的景色都在地震中被摧毁。这部电影的创作者也将所有收益捐献给了灾区。大家在看电影之前,先查找一下那场大地震的相关资料,了解当时地震的情况,能帮助大家更好地感受电影。

2. 电影中有不少的画面是雨夜,场景比较昏暗,希望同学们看的时候能静下心来,仔细体会,你一定会有收获。

二、电影沙龙

1. 走近卢娃子并进行人物介绍。

提示:电影前半段的卢娃子将自己封闭在了自己的世界里。他很能干,很懂事,但他小心翼翼的样子不像是一个小孩。受伤的小熊猫独自在山里求生,让卢娃子感觉就像是他自己,所以卢娃子救了小熊猫。他把小熊猫当作他唯一的朋友,跟它说话,陪它睡觉,想尽办法喂它吃东西,还代替熊猫妈妈训练它学习生活技能。只有跟小熊猫在一起的时候,卢娃子才会说话,才会笑,才像一个正常的小孩。

2. 走近老陈并进行人物介绍。

提示:老陈是一个山里的猎人,他内心很善良。作为猎人,他看到珍稀的野生动物，想到的是通知科学家，然后收取一点向导和提供信息的费用。他收养卢娃子，是担心卢娃子一个人生活不下去。他一直很关心卢娃子，把卢娃子当儿子一样。在知道卢娃子救下小熊猫并偷偷藏起来后，也没有骂他，后来更是表扬了卢娃子放走小熊猫的行为，这也让卢娃子开始接纳他，并把他当作了心中的父亲。

3. 走近小冯并进行人物介绍。

提示：小冯对研究熊猫有着非常高的热情，他相信自己的观念，"一只母熊猫无法同时照顾两只小熊猫，肯定会遗弃其中的一只"。所以当他得知老陈的竹林里来了一只熊猫妈妈和一对双胞胎小熊猫时，他异常兴奋，马上就赶到山里，开始他寻找小熊猫的行动。小冯急切地想要抓到小熊猫，为了实现自己的目标不顾一切。最后当他看到小卢冲破一切阻力把小熊猫送回到熊猫妈妈身边时，他明白了自己的使命，科学研究不是要伤害熊猫，而是要保护它们。

4. 如果让卢娃子一开始就说话，传递出来的效果好吗？

提示：强烈的反差最为触动人心，也最具有教育性。

5. 想一想，你有没有听过发生过的类似卢娃子和熊猫之间的事？如果有，请与大家分享。

提示：动物生生不息的生命

奇迹，让人类对大自然有了更多的认识和思考。动物是人类的好朋友，它的存在是大自然对人类的馈赠，大自然无时不在昭示着人们，要学会和谐相处，对人对事要和谐，对一切生物都要和谐，要保护自然，善待自然。德育电影的最终目的在于反躬自身，推己及人，只有在本我、自我、超我的感悟中，才能让教育落到实处。

三、趣味活动

1. 演一演。

如果你在现场，看到小冯和老陈商量捕捉熊猫的画面，你想和他们说点什么？

提示：可以分三个流程，先师生合作表演，再生生表演，最后全班互评。表演过程中，可以适当设置障碍，比如对方不听劝，鼓励表演的同学举例子增强说服力。

2. 编一编。

想一想，经历了汶川大地震之后的熊猫"胖胖"和卢娃子再次相遇时，各自会发生怎样的变化？

提示：卢娃子因一场火灾成了孤独封闭的孩子，然而机缘巧合，小熊猫走进了他的生活。一场大地震让本来团圆的熊猫一家天各一方，小熊猫在这次灾难中失去了妈妈，此时的相遇，让各自充满感慨。有久别重逢的喜悦，又有经历罹难的心灵痛击。

拓展延伸

1. 合作写绘。

选取影片中最感兴趣的内容，两人一组合作完成一份写绘作业。一个负责画画，一个负责给画面配文字。注意做好动作、神态、文字布局等细节处理。在合作的过程中，要注意在交流的基础上发挥两个人的智慧。

2．电影推荐。

（1）动画片《熊猫的故事》，讲述一只被盗猎者猎捕后运送到西方的熊猫始终思念故乡却无法回到故乡的悲伤故事。

（2）纪录片《回家》，一只受伤的野外大熊猫，被人们抢救回来并取名高高。它在救护站生活了2年后，被放归大自然。本片讲述了高高的放归和它放归前与人们相处的日常生活。

自然伦理，生态文明
电影《河童之夏》

□ 张文芳（山东省东营市胜利河口第三小学）

导演：原惠一

类型：动画／奇幻／喜剧

制片国家／地区：日本

上映年份：2007 年

德育主题

自然伦理和生态文明教育是小学中年级德育目标之一。《河童之夏》就是一部对小学生进行环境保护教育的优秀动画影片。该片通过少年与河童的交往,凸显了环境保护的主题,有助于中段小学生认识自然伦理、生态文明的重要性。

电影赏读

一、情节回顾

一个偶然的奇遇,生活在现代的少年上原康一捡到了从江户时代幸存下来的河童小咕并与之产生了深厚的友情。

一天,小咕提出想回家和伙伴们在一起。康一为了让小咕了解外面的世界,悄悄把他带了出去。小咕发现环境已经面目全非,大吃一惊,在这个不适合河童生存的地方他根本就找不到伙伴。看到小咕难过,康一也不好受。他和小咕一起外出旅行,来到了还保存着河童传说的远野县。两人在美丽的大自然中找到了适合河童生活的地方,小咕愉快地在清澈的河里游了起来,康一听到村民们说"抓住一只河童能得一千万呢!"赶忙带着小咕离开了那里。

河童出现的消息不胫而

走，一切都发生了变化，媒体的纠缠和民众的围观，使上原一家深受其扰，河童小咕也无所适从，迫于无奈去参加了电视节目，在节目现场小咕看到自己父亲被杀害后遗留的手臂，小咕回忆起了自己的父亲被杀害时的画面。

人类肆意改造着自然，剥夺了自然界其他生物的生存之地，而到了百余年后的现代社会，人类仍旧用野蛮的方式观察着不同种族的生物，将其视作怪物。

几经波折万般无奈之下，康一一家人决定将小咕送到远离都市的遥远山间。最后少年康一看着装载着小咕的车离去，就这样与河童小咕和自己的童年时代在大哭中告别。

二、主题解读：生态文明

这部影片，简单朴素，没讲什么大道理，却能让孩子乃至大人都感同身受，几乎每个热爱自然的人都会产生共鸣。

河童小咕和他的父亲躲在草丛中，等待一位武士路过，这位武士正计划将小咕一家的家园龙神沼泽开发成农田。小咕的父亲准备乞求武士停止计划，以免河童们失去自己的家园。夜幕中，

武士与其同伴缓缓走来，讨论着这个开发项目会给自己带来多少利益，小咕父亲的出现惊吓到了他们，由于害怕他将自己的龌龊行为报告给官府，武士残忍地杀害了老河童。武士此种以自我的利益为导向，而不给其他生物种群留下生存和发展空间的做法是自私的体现。

影片中与小咕相伴的另一动物角色，就是康一家的小狗阿伯，阿伯在来到康一家之前曾被自己的主人暴打，影片不止一次地借阿伯之口说出人类有多擅变，多么以自我为中心。当小咕抱着父亲的断臂逃出让他紧张到窒息的电视台演播厅时，阿伯自告奋勇地扮演起了保护小咕的角色。镜头跟随着这两个曾受过人类伤害的弱

者不断地向前推进，阿伯在狂奔，小咕骑在它的背上，手里紧紧抱着父亲的断臂，同时他解掉了拴在阿伯颈部的链子，他们要丢掉人类强加给他们的一切束缚，还原真实的自己。

影片最后，小咕抬头仰望着茂密的丛林，虔诚地对这片土地的神灵祈祷："我和爸爸要暂住于此，我是一只需要生存下去的鱼，请宽容我。"一只小小的河童都知道要和环境和谐相处，而电影中的人类却肆意地"摘去鲜花，然后种出大厦"。不仅夺取了河童的栖息地，也夺取了许许多多无辜生物的栖息地。有谁还能像这小河童一样单纯，只求拥抱那一个你我看来可笑的梦境？

影片中小咕父亲说过的话发人深省，人类将我们生存的水塘和沼泽夺走，然后是风,还有天空。渐渐地将神灵的地方都据为己有,作为代价就是,他们都开始失去了感情。

人与自然、动物都是这个生态环境的共同体,所以我们要善待动物,热爱大自然,搭建彼此情感的桥梁,让世界充满爱。

在我们的生活中,人和自然和谐相处的画面随处可见。我们和动物们都是地球的主人,动物让我们的地球更加地美丽,给我们人类带来了许多好处,是人类的好朋友。然而,有一些人为了个人的私利,不断地破坏环境,再加上全球环境的恶化,生态环境进一步恶化。

在实际生活中,我们不可能有像康一和小咕这样的奇遇,但是我们可以引领孩子感受人与自然碰撞出的和谐。这时候,电影的魅力就显现出来了。在看电影的过程中,孩子们会自然地通过角色与故事走入电影的世界,仿佛自己也跟着康一、小咕一起经历故事,在这个过程中受到教育。

电影对对碰

一、观影准备

日本是个岛国,对水非常崇敬,所以很多传说都和水有关。河童是日本民间传说中常见的一种妖怪,生活在水里,善于游泳和相扑,长得像个小孩,有着鸭子一样的嘴,背上有个龟壳,头上有个盘子,需要不断往里面加水。动画片里的河童一定程度上也经过了美化,而且还配上了清澈的嗓音。

二、电影沙龙

1. 走近康一并进行人物介绍。

提示：影片中的康一是一个稚气未脱的孩子，他天真善良，一直收留着小咕，保护着他。但是他的性格中也有软弱和任性的一面，如在看到喜欢的女孩菊池被同学欺负时，不敢上前保护，甚至因为不敢直面自己内心的情感而一直对其冷眼相向。当看到爸爸妈妈因为小咕住在家里而上了电视时，他非常向往能带着小咕上电视。对他来说，录电视节目是一件十分新奇的事，但他丝毫没有想过电视台的那种环境是否会让小咕这个来自大自然的伙伴感到恐惧和不适应。康一性格中的懦弱随着故事情节的推进逐一地展现了出来，但却在影片的最后产生了改变，当他看到小咕爬上高塔试图结束自己生命的时候，他忽然明白了小咕的生命对于自己的意义是如此重大，这一次他选择了勇敢，他告诉小咕他再也不会让小咕去参加任何电视节目，他要好好保护小咕。当同学们嘲笑小咕是妖怪，身上有"河童病毒"时，当同学们推倒了为小咕辩解的菊池同学时，

他勇敢地站了出来，保护了自己想保护和应该保护的人。影片的最后，他和菊池将小咕送走，给小咕自由，让他回到属于自己的天地去。在运输车开走的那一瞬间，康一抹去了眼泪，从此他和小咕天各一方，但他们之间所形成的那个情感激荡的世界是如此地完美，以至于不需要他人来毁誉。或许可以说，他们的相遇开启的正是一场生态自我回归之旅。而这个自我，不为其他，正是深层生态中那个内容广泛的、大写的自我。

2. 走近小咕并进行人物介绍。

提示：河童。受大地震影响而陷入石头中二百年。讲话有点腔调而且能懂人话，喜欢吃小黄瓜、鱼、昆虫等，也擅长相扑和游泳。有着不可思议的能力及敏锐的直觉，能感受到妖怪的气息，也能和动物会话。擅于在水里活动（但头上的盘子不能碰到海水）。过去有个真名但因为时间太长而忘掉，于是被康一命名为"小咕"。有着孩子般的天真和强烈的好奇心，也相当有礼貌。因为被告知"人类是恐怖的生物"，所以和人类保持一定距离，但上原家温暖的对待让他对人类的看法有所改观。

3. 走近阿伯并进行人物介绍。

提示：阿伯是上原家养的狗。它受到前饲主虐待后逃了出来，被小时候的康一捡回家。它有能和小咕在心中对话的超能力，在背后守护着小咕和康一。在上电视前，它看到小咕害怕那些媒体，于是陪同小咕前去。小咕在电视台遇到父亲的手臂而情绪高亢，它又背着小咕一起跑出电视台。在东京铁塔的停车场中，它不幸被车子撞死。

4. 走近菊池纱代子并进行人物介绍。

提示：康一的同学。平常沉默寡言而且对人都无法打开自己的内心，她经常被同学欺负，但总是装作若无其事的样子。她是康一找到小咕的关键人物。在小咕的存在被人知道后，在同学纷纷避开康一时，只有她对康一打开心扉，也能够看到她保护康一的一面。后来父母离婚，她和母亲一起搬走了。

5. 想一想，影片中所蕴含的朴素与感动，你感受到了吗？请与大家分享。

三、趣味活动

1. 演一演。

如果你在现场，看到人们围观猎奇小咕的画面，你想和他们说点什么？

2. 编一编。

（1）想一想，康一和小咕再次相遇时，各自会发生怎样的变化？

（2）小咕曾经见识过人类的残忍，后来又体会到了人类的温暖，他会不会选择变成人类呢？

拓展延伸

选取影片中最感兴趣的内容，两人一组合作完成一份写绘作业。一个负责画画，一个负责给画面配文字。注意做好动作、神态、文字布局等细节处理。在合作的过程中，要注意在交流的基础上发挥两个人的智慧。

第四板块 价值体认与理想信念

01 直面挫折
02 助人为乐
03 乐于合作
04 捍卫正义
05 国家认同

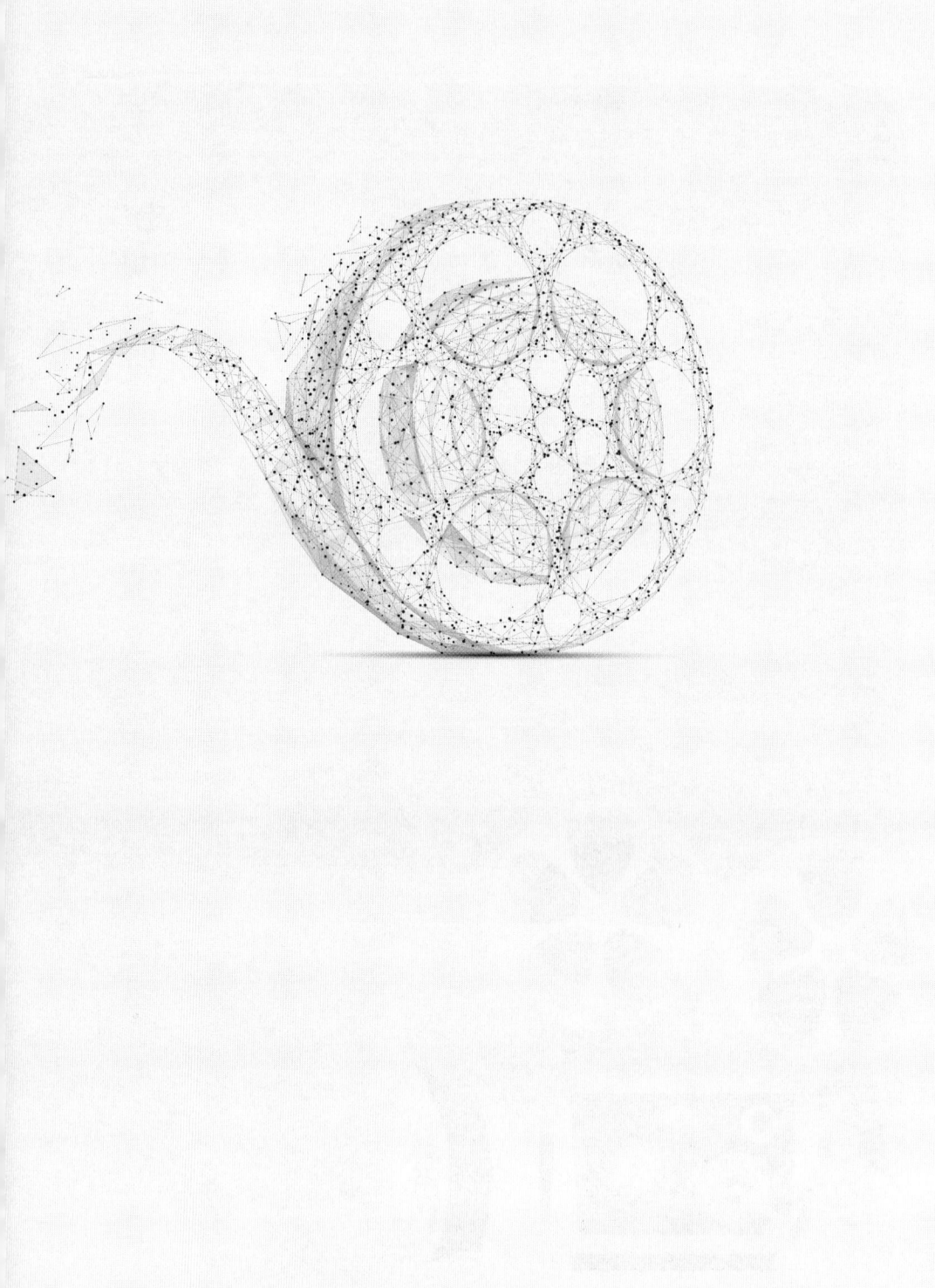

桃桃别哭,有人守护
电影《路灯下的小女孩》

□ 周丽娜（山东省东营市河口区义和镇六顷小学）

导演：张林子

类型：剧情

制片国家／地区：中国

上映年份：2013 年

德育主题

养成良好的生活和行为习惯，形成诚实守信、宽容友爱、自尊自律、乐观向上等良好品质，是小学中年级核心德育目标之一。《路灯下的小女孩》就是一部对小学生进行基本文明行为习惯教育的优秀影片。

一、情节回顾

《路灯下的小女孩》是由黄磊监制、青年导演张林子执导的短片。2013年2月11日上映。小女孩桃桃，父母离婚了，母亲又有了新的生活，出于对父亲的想念，桃桃独自离开家，去寻找亲生父亲。在途中，她遇到了热心的拥有一腔音乐热情的卡车司机，他载着桃桃来到了桃桃爷爷工作的地方。桃桃找到了爷爷，还遇见了一个个富有爱心的朋友——郭主任及两个捣蛋的男孩。爷爷带她找到了爸爸，不过父亲也已经再婚了。桃桃只得离开，她不明白，

为什么过去亲切的父亲不喜欢她了。她站在路灯下，默默地哭。晚上，母亲来电话，要桃桃回去，爷爷带着桃桃，来到了车站，可是桃桃死活不上车，在昏暗的灯光下哭着，显得无比令人同情。这时，郭主

任来了，两个淘气的小男孩来了，卡车司机来了，为了这个小女孩……不久她的爸爸发现了她的画，画上是他。爸爸的眼眶湿润了，他来到车站，带桃桃一起回家。在车上，桃桃做了个梦：梦中她骑着自行车，先是妈妈扶着，后是爸爸，紧接着是奶奶，是爷爷，之后便没人去扶了，她自己骑着。而帮助过她的人都在路边默默地笑着，向她竖起大拇指……

二、主题解读：学会成长

这部影片是从孩子的视角来看世界的，第一次看到桃桃笑是因为在学校表现得不乖而要请家长。当听到老师说叫桃桃的爸爸来一趟时，我以为桃桃会难过，可是她猛然抬起一直低垂的头，笑了。一直面无表情不爱说话的她笑了，笑容是那么地灿烂，仿佛桃花盛开。放学后，她一个人背着书包欢快地跳跃着向家奔跑，脸上终于有了一般孩童应该拥有的笑容，电影一直用慢镜头来展现这个过程，这个时候，我才想起她是一个小孩子，

平时的不说话、面无表情只是她的保护色。

桃桃一直记得爸爸教自己骑自行车的场景,她一直不明白为什么妈妈要自己叫一个陌生的男子爸爸,在她的记忆中,爸爸只有一个,而那个陌生的男子,不是爸爸。带着自己的东西,桃桃决定去找爸爸。可是当爷爷带着桃桃找到爸爸后,桃桃才发现,其实爸爸变了。他以为桃桃是过来要钱,便给了她钱说桃桃不归他。他抱着自己的儿子说着原来对桃桃说过的话,他真的不要桃桃了。

即使这样,桃桃还是对爸爸抱有幻想。爷爷为了逗桃桃开心,也是为了惩罚爸爸,安排了一出好戏,本想开心地与桃桃分享,可只看到路灯下默默哭泣的桃桃。桃桃在被嘲笑的时候没有哭,在被老师批评的时候没有哭,在被妈妈责骂时没有哭,在喜欢的小动物卖掉时也没有哭,但在真的看到、听到、感受到爸爸不要自己的时候,桃桃终于忍不住哭了。她想不明白为什么原来那么疼爱自己的爸爸现在不要她了……看到桃桃不想回家,大家想尽办法逗桃桃开心,甚至到大卡车上跳舞,这一切的一切都告诉我们其实桃桃收获到了不一样的幸福,还有很多人都在以自己的方式关心、爱护着她。这不正是我们的生活、我们的成长历程吗?我们在别人的帮助下成长,学会各种生活技能,之后的路,只有我们一个人走,身边的朋友会为我们鼓掌,为我们喝彩。我们不能永远依赖于别人,父母不可能永远帮助我们做好任何事。一切事情的成败只在于自己!在成长的道路上,我们难免遇见挫折和困惑,没有困难的历程不是成长,我们要学会克服困难,要学会接受他人的温暖,更要学会给予他人喝彩声,即使这条路是我们独自行走。

一、观影准备

1. 小调查。

(1) 你的身边有没有像桃桃这样的人?在她身上发生过什么有趣的事儿?

(2) 在你认识的人中有没有爷爷这样温暖的人?他和同学们相处得怎么样?

2. 回忆一下,自己在学习和生活中有没有孤独的时候?如果有,给你带来了哪些不良后果?

二、电影沙龙

1. 桃桃是个怎样的人?从哪里看出来的?

提示:桃桃是一个可爱、孤独、对亲情向往的人。

2. 爷爷是个怎样的人?从哪里看出来的?

提示:桃桃的爷爷,瞒着奶奶给桃桃买新衣服、买喜欢的小宠物、买好吃的,即使被奶奶责备也还是会傻笑着说孩子喜欢。

3. 如果不让桃桃亲历这次找爸爸的事情,只靠老师的说教让大家学会独立,效果会好吗?

提示:亲历的感受最为亲切,也最具有教育性。

三、趣味活动

1. 演一演。

如果你在现场，看到大家帮助桃桃的这些事情，你想对大家说点什么？

提示：表演可以分三个轮次，先师生合作表演，再生生表演，最后全班展示。表演过程中，可以适当设置障碍，鼓励表演的同学举例子增强说服力。

2. 编一编。

想一想，重新找到幸福的桃桃在生活中会发生怎样的变化？

3. 写一写。

如果你是桃桃，你准备向你的小伙伴怎么介绍你的这一段经历？

提示：可以分成三部分来介绍。首先是为什么去找爸爸；接着是爷爷和周围的人帮助桃桃；最后是桃桃长大了。让孩子们学会运用事情的起因、经过和结果的方式来叙述。

 **拓展延伸**

1. 合作写绘。

选取影片中最感兴趣的内容，两人一组合作完成一份写绘作业。一个负责画画，一个负责给画面配文字。注意做好动作、神态、文字布局等细节处理。在合作的过程中，要注意在交流的基础上发挥两个人的智慧，争取获得"写绘创意奖"。

2. 展开想象。

观看了这部影片，找出影片中你最喜欢或者是最讨厌的一个主角或配角，你想对他说些什么？你可以说一说，也可以拿起笔来写一写。

接受不同，理解包容
电影《E.T. 外星人》

□ 褚 斌（山东省东营市胜利振兴小学）

导演：史蒂文·斯皮尔伯格

类型：剧情／科幻

制片国家／地区：美国

上映年份：1982 年

德育主题

接纳与宽容体现和谐的社会本质，助人为乐有利于洁净自己的灵魂。在别人得到帮助的同时，自己也感到精神愉悦，有利于身心健康。人们需要一个相互关心、相互帮助的生活环境。

电影赏读

一、情节回顾

一艘宇宙飞船造访人类，采集地球上的植物样本。此时挂着一串钥匙的男子带领一群人出现，外星人们仓皇乘飞船离去，一个小外星人E.T.被同伴不小心留在了地球上，幸运地被善良的艾里奥特发现。艾里奥特瞒着妈妈偷偷收留了孤独无助的E.T.，给他吃巧克力，还把他介绍给自己的狗狗、哥哥和妹妹，虽然语言上E.T.和艾里奥特还无法沟通，但是他们的感情却跨越了一切外在的障碍联系到一起，虽然他们的外形有如此大的差异，但却都有着一颗善良敏感、渴望着爱和呵护的童心。在他们之间，建立起一种奇妙的心灵感应，E.T.难过的时候，艾里奥特也会感觉

忧郁，E.T.病了，艾里奥特也跟着不舒服。孤独的E.T.和孤独的艾里奥特成了最好的朋友，于是他们都不再孤独。

直到有一天，E.T.被大人们发现了。人们如临大敌，警察、军队、FBI统统蜂拥而至。大人们不顾孩子们的苦苦哀求，无情地抓走了E.T.，根本无视此时的他是多么无辜、脆弱和绝望，他们只想把这个外星人当成千载难逢的珍贵试验品进行研究。

艾里奥特在哥哥和伙伴们的帮助下终于从研究中心救出了九死一生的E.T.，不料大人们根本没有放过他们，沿路设下重重关卡意图拦截这支"营救小队"，就在大人的眼皮底下，E.T.展现了他不可思议的神奇力量，带着大家摆脱了"包围圈"。在当初发现E.T.的树林里，来接E.T.回去的外星飞船赶来了，一直念念不忘要回家的E.T.终于要走了，艾里奥特恋恋不舍地和他的外星朋友告别。

二、主题解读：真诚和帮助

电影通过虚拟情节的演绎，向我们展示着在成人的世界里，充满了对非己类的深刻排斥与冷漠，爱越来越狭隘，与之相对的是，作为孩子的艾里奥特为他"死去"的朋友深切悲痛着，心碎欲绝，将对朋友的真诚表现得淋漓尽致。成人的冷

漠和孩子的真诚形成了鲜明的对比，影片不仅谴责了成人世界的强权和敌意，也提示我们应该想想自己童年时的真诚和友善。在这个物质的世界里，很多宝贵的东西在慢慢消失，彼此的心灵越来越孤独，人与人之间的关系越来越冷漠。孩子们那颗未蒙尘的心，显得更加可贵。

E.T.和主人公语言不通，这样屏蔽了言语的交流，直接把心灵和肢体连接，这种情感的交流也是最为纯粹和真诚的，把纯粹的友谊展示在了我们的面前，用爱和友善去拥抱这个世界，用一颗真诚的心去对待别人，帮助需要你的人。既然外星人都能和人交朋友，互相帮助，何况是人类呢。

一、观影准备

1. 当你在家门口见到未知的生物，你会怎样应对？

2. 关键时刻你会不会勇敢地去拯救你的朋友？

3. 如果你想做的事情被其他人反对，你会不会放弃？如果不，说说为什么。

二、电影沙龙

1. 想一想，在影片中小外星人独自被留在地球上会是什么样的心情？

2. 在影片中，地球上的成年人是怎么对待小外星人的？他们这么做你认为对不对？

3. 在影片中，有哪些人，哪些事，让你感受到了真诚和乐于助人的精神？

提示：在影片最后，一群孩子为了拯救外星人骑着单车躲避警察们的追捕，在甩开警察后孩子们露出了天真纯洁的笑容。当大人们又开车追上来时，孩子们又咬紧牙关奋力向森林降落点赶去。

4. 想一想，当你遇到需要帮助的人，你在助人为乐时需要注意什么？

提示：助人为乐是有方法有智慧的帮助，是尽己所能，干自己能力范围之

内的事情，绝不是鲁莽和无价值的牺牲。

三、趣味活动

1. 画一画。

画一棵友情树，树上结出友谊果，在每一个果子上写上你好朋友的名字，在名字边上写出你最欣赏他的地方。

提示：如真诚、勤奋、节俭、正直、善良、乐于助人等。

2. 想一想。

如果你只身一人到达陌生的星球，你会怎么办？

 **拓展延伸**

1. 拓展写绘。

感受自己的内心，设想你和外星人在一起的时候会是什么样子，把这个画面画下来和朋友们分享吧。

2. 电影推荐。

一起去看《悬崖上的金鱼姬》这部影片吧，相信它能带给你最纯真的感动。

认同协作，敬畏生命

电影《霍顿与无名氏》

□ 张文芳（山东省东营市胜利河口第三小学）

导演：吉米·海沃德／史蒂夫·马蒂诺

类型：动画

制片国家／地区：美国

上映年份：2008 年

德育主题

《霍顿与无名氏》就是一部对小学生进行认同与协作教育的优秀动画影片。该片通过独特的脑洞，凸显了敬畏生命的主题，有助于中段小学生认识认同与协作、敬畏生命的重要性。

电影赏读

一、情节回顾

霍顿是一头快乐的大象，他和朋友一起生活在丛林中。有一天，当一粒灰尘从霍顿面前飘过时，他仿佛听到这粒灰尘上传来了微弱的求救声。他发现里面有一些微小的生命，霍顿开始对这粒灰尘产生好奇，并猜测这粒灰尘上存在着大家所不知道的生命。他的猜测，遭到了丛林里其他动物的嘲笑和讥讽。

事实上，这粒灰尘上真的存在着一个叫无名镇的城市，里面居住的都是一些微小的无名氏，他们听从镇长的领导，本来过着与世无争的生活，但有一天，他们居住的无名镇突然被一颗果实撞击，被抛上了天空。他们并不知道原来他

们的世界之外还有一个世界……

霍顿则冒着被所有动物嘲笑的现实，顶着幻想症患者的恶名，开始了对这个小世界的营救之路，将无名镇送去一个安全、自由的地方，邪恶的袋鼠和秃鹫给霍顿制造了不少困难，霍顿在通往鲁尔山顶的路上险象环生，吃尽了苦头。而霍顿的每一次遇险，都会让灰尘中的世界面临一次地震、飓风、雷灾等灾难。在这个小世界里，只有镇长唐纳德知道发生了什么，他努力想让公众知道真相。最终，故事有了圆满的结局。

二、主题解读：认同协作，敬畏生命

这部影片通过独特的脑洞，引导我们展开了对这个世界、对我们生存空间的思考，教我们敬畏生命、敬畏自然、敬畏人类自己。

霍顿一直都在为无名镇摆脱危机，获得生命的自由而不懈努力，而在整个过程中，他都始终表现了对生命的尊重，到最后，他实际上已经完成了多个层面的救赎。第一个层面是对相对弱小的无名镇的拯救。自从在这粒灰尘

上感受到生命的声音,霍顿就没有放弃帮助居民的行为,他郑重地答应了镇长的请求,并且勇敢地去完成他的承诺,纵使在过浮桥时遇到危险也没有放弃,因为在他的意识中,生命是重要的,为了拯救生命,做什么都是可以的,同时霍顿也并没有因为帮助无名镇而向镇长提出什么要求,他只是在实施救赎,而救赎的对象就是众多生命。另一个层面恰如袋鼠所说:"看不到,听不到,感觉不到,就是不存在。"把生命摆在一个无关紧要的地位。袋鼠在霍顿说明灰尘上有生命时,还在为了自己的威严,为了自己所谓的秩序而一再为难霍顿,甚至派一只凶猛的秃鹫去阻碍霍顿的拯救行为,他的眼里只有自己,以致完全忽视了生命的存在。而最终霍顿和无名镇的居民用现实证明了生命的力量,证明了生命的伟大,这是一首关于生命的赞歌。

拯救孩子的情节是片中的重场戏,这其中有两个小孩。一个是无名镇镇长 97 个子女中唯一的男孩,镇长对他倾注了太多的希望,但是他却是个怪小孩,对父亲认为神圣的职业表现冷漠。他拥有自己的爱好,热衷于用音乐来表达他对生活的感悟。他和父亲有着巨大的隔阂,他们没有沟通,生活在各自的世界里。霍顿的出现让镇长开始反省他和儿子的关系，原来儿子可以有自己的生活，于是父子有了第一次的情感交流，而这一次的交流也让这个怪小孩得到慰藉，他和父亲终于有了心灵上的对话。另一个小孩是生活在大世界里的小袋鼠，他只能在霸道母亲的育儿袋中生活，不能和其他的小朋友一起玩，也不许接受在他母亲看来是大逆不道的思想，他不能有自己的思考和想法，只能活在母亲的过度呵护之中。最后，霍顿和无名镇居民遇到最大的阻碍，甚至快要失去生命时，正是这两个小孩拯救了大家。那充满力量的叫喊使所有居民的生命之声得以穿过云层，而就在那一瞬间，小袋鼠听见了这个声音，抓住了无名镇所在的小花，勇敢地跳出了母亲的育儿袋。他走向霍顿，大声向大家宣布：我听到了！在这个瞬间，两个小孩赢得了这场生命争夺战，他们明白了生命的真谛，实现了成长，向生命展现了他们强大的力量。

如果能让学生明白认同与协作、敬畏生命的重要性，这部电影的德育目标也就达成了。

一、观影准备

1. 小调查。

（1）霍顿的耳朵。

影片里，小象霍顿用他的大耳朵听见了求助声。在现实生活中，大象能比人类听到更加微弱的声音，它还可以通过自己的脚和鼻子感觉到不同的声音。

(2) 霍顿的腿部力量。

在影片中,每当霍顿对某件事感兴趣时,他都会用后腿走路。日常生活中,象是不能用两条腿走路的。如果要求大象把所有的体重压在一只脚上的话,它们腿部的肌肉是不可能支撑得住的。

2. 电影中有不少的画面是声音营造的,希望同学们看的时候能静下心来,仔细体会,你一定会有收获。

二、电影沙龙

1. 走近霍顿并进行人物介绍。

提示:霍顿是生活在鲁尔森林中的一头大象,他天性活泼、生活另类,颇不受以爱生气的袋鼠和维克多猴子家族为代表的森林主流社会欢迎。但森林中的小动物们却喜爱他,时常跟着他去干一些小小的顽皮事情,这让鲁尔森林的大动物们很愤怒,认为这是离经叛道。霍顿把他们的孩子教得像野生动物,这是他们不能容忍

的。他们更愿意自己的孩子乖巧地待在口袋中，谨慎而虚伪地保持着文明。

姓名：霍顿

家乡：鲁尔森林

性格：乐观、天真无邪、唠叨、脆弱，永远自我感觉良好

职业：充满童真的人见人爱的老师

强项：把两扇大耳朵变成游泳帽、草帽、礼帽等各种帽子扣在脑袋上。

特征：拥有一双敏锐的大耳朵，极细微的声音也能听到。他很有想法，做事有原则，是个天生的乐天派，在他眼中从来没有办不成的事儿，即使在危急关头也总往好处想，还不时说个笑话安慰自己。

2. 走近莫顿并进行人物介绍。

提示：老鼠莫顿是霍顿最好的朋友，虽然个头小，但是他速度快。霍顿与莫顿关系十分好。就算是大象的想象力达到了天马行空乃至胡思乱想的程度，莫顿都可以忍受，并且在大多数时候都能很快把霍顿拉回现实。

3. 走近鲁迪并进行人物介绍。

提示：很多小朋友都讨厌父母把他们关起来，袋鼠鲁迪的抱怨一点都不夸张。从他出生以后，就一直被他妈妈关在袋子里。由于多年来他没有靠自己走路，

他的脚变得很大，很不自然地耷拉在脑袋边。但是这样恶劣的环境并没有抹杀掉他向往自由的心灵，鲁迪准备迈出他的第一步。

4. 如果让一粒灰尘的世界成为一个庞大的世界，传递出来的效果好吗？

提示：强烈的反差最能触动人心，也最具有教育性。美学上有一种说法是，差异构成美。一个是体积庞大的大象，而另一个是生活在花蕊上的小生物，他们在体形和个性上都迥然不同，于是这两个可爱的角色碰到一块，乐事趣事便有了一箩筐。

5. 想一想，你有没有听过发生过的类似霍顿和无名镇之间的事？如果有，请与大家分享。

三、趣味活动

1. 演一演。

如果你在现场，看到霍顿被关在笼子里的画面，你想和周围的人们说点什么？

2. 编一编。

想一想，霍顿与另一个微尘世界相遇，又会发生怎样惊心动魄的事情？

 拓展延伸

1. 合作写绘。

选取影片中最感兴趣的内容，两人一组合作完成一份写绘作业。一个负责画画，一个负责给画面配文字。注意做好动作、神态、文字布局等细节处理。在合作的过程中，要注意在交流的基础上发挥两个人的智慧，争取获得"写绘创意奖"。

2. 图书推荐。

《霍顿与无名氏》《霍顿孵蛋》在苏斯博士的所有图书中销量最高，影响力最大，快去看一看吧！

坚守正义，打破偏见
电影《疯狂动物城》

□ 李武铭（山东省东营市胜利孤岛第一小学）

导演：拜恩·霍华德／瑞奇·摩尔／杰拉德·布什

类型：动画／冒险

制片国家／地区：美国

上映年份：2016 年

 **德育主题**

在真实的社会交往中,如何保持正义与公平。这是艰难的道德抉择。

 **电影赏读**

一、情节回顾

9岁的兔子朱迪和小伙伴们在兔窝镇的胡萝卜日才艺秀上演了一幕话剧,想要传递他们对食肉动物和食草动物和睦相处的理解,并且表明了自己的理想——成为一名警官。15年后,朱迪参加了哺乳动物选拔活动,经过刻苦训练,获得警官学校的第一名,被分配到动物城市中心的警察局。兔爸和兔妈临行前警告她要小心熊、狮子、狼、黄鼠狼,特别要小心狐狸,而朱迪思考后选择随身携带防狐喷雾登上开往疯狂动物城的列车。

当警察的第一天,公牛局长在人手十分紧张的情况下,让朱迪去开停车罚单,并且要求她一天开100张罚单。但是朱迪用半天201张的成绩证明,她开罚单也是最好的,

而且还公正地给自己开了一张。下午依旧开罚单的朱迪，无意间看到了鬼鬼祟祟的狐狸尼克，一种对狐狸的本能警觉，让她跟踪尼克进入了大象冰激凌店。不得不说，尼克和廓耳狐芬尼克贡献了一段影帝级的表演，把大象和朱迪都骗入了圈套。朱迪也见证了尼克一伙是如何利用一个15块的冰激凌，迅速变成240块钱利润的过程。24岁的年轻警官朱迪想要逮捕32岁的游商尼克，却被尼克的种种辩解搞得哑口无言。当警察的第一天，朱迪灰头土脸地回到了公寓。

当警察的第二天，朱迪继续在街头开罚单，遇到黄鼠狼威斯顿公爵抢了一袋子"午夜嚎叫"，朱迪成功抓捕嫌犯，人赃俱获的同时，还救下了黑帮首领大先生的女儿，但是她被啮齿类居民投诉了，挨了公牛局长训斥。恰好失踪水獭艾米特的妻子来询问丈夫的案情，在头羊市长助理的帮助下，朱迪负责调查此案，但是附加了限时48小时，

否则要自动解职的条件。朱迪认真查看案件资料，以偷税罪名义要挟尼克帮她查找艾米特的下落。二人顺藤摸瓜，找到了大先生和司机曼查斯，得知艾米特发狂的时候大喊"午夜嚎叫"，正准备详谈时，曼查斯先生也发狂了。公牛局长紧急支援，却没有发现被锁住的曼查斯，于是决定开除朱迪。尼克主动站出来替朱迪辩解，成功获得了10个小时的破案时间。

尼克在缆车上向朱迪说出了自己的童年阴影，并鼓励朱迪不要在意其他人对她的态度。朱迪在尼克的提示下，到市政厅找头羊市长助理帮忙，查到了曼查斯被带到了崖边精神病院。朱迪和尼克潜入医院，终于发现了狮心市长掩盖动物发狂现象的秘密。

朱迪成了英雄，入职三天就破了大案，在记者招待会上，她把蜜獾医生的观点顺嘴说了出来："兽性大发的只有食肉动物，也许和生物学有关，在他们的DNA里，保留着几千年以前食肉动物捕猎的本能，不知为什么，他们好像回归了原始、野蛮的本性。我们需要警惕。"朱迪的话，造成了动物城的分裂，食肉动物和食草动物在社会各个层面开始潜意识的对抗，巨星夏奇羚也组织集会，呼吁和平，希望以前那个美丽、多样化的城市重新回来，让大家为不同而骄傲。朱迪在各种压力下，辞去警察职务，返回兔窝镇，当一名种胡萝卜的农民。

在兔窝镇，朱迪发现了狐狸吉迪恩·格雷不再像小时候那样欺负小动物了，开始与霍普斯一家做生意卖糕点，这一事实彻底消解了9岁时狐狸攻击自己的心理阴影。兔爸和兔妈的对话，也让朱迪明白"午夜嚎叫"是一种植物，所有动物吃了都会发狂。她决心重返动物城，彻底把案情调查清楚。

朱迪重新获得了尼克的信任，二人找到了黄鼠狼威斯顿公爵，在大先生的帮助下，找到了公羊道格，成功拿到了"午夜嚎叫"令动物发狂的证据，揭露了头羊市长助理想挑拨食草动物与食肉动物对立，并最终统治动物城的阴险动机。真相终于大白于天下，食肉动物和食草动物重新和平共处，一起为世界更美好而共同努力。

二、主题解读：不同的正义

兔子朱迪梦想成为兔窝镇的警察，并为之奋斗了15年，她克服了所有人的不理解，扭转了人们对弱小食草动物的偏见，实现了自己的梦想。在朱迪的心中，动物城可以实现无限可能，当然会接纳第一个兔子警官，也一定会接收第一个狐狸警官。动物城会因为这些动物的加入，变得越来越好。

狐狸尼克为了活成别人眼中的奸商模样，每天通过不同手段，与各色人等进行无差别交易。为了完成日挣200块钱的任务，他可以变换无数种说辞，

从来不在乎别人对他的看法。但实际上，尼克也曾经有着一颗维护正义的心，从小加入童子军，但是被身边的小伙伴不信任，从此有了童年阴影，只有交易，没有了信任，直到朱迪的出现……

狮心市长是想当然的头领，把疯狂动物城治理得井井有条。但是一系列的食肉动物发狂案迟迟不能查明原因，他只好动用雇佣兵，制造了动物失踪案的假象。一边假惺惺地催促牛局长破案，一边督促蜜獾医生弄清楚动物发狂的医学原理，准备应对可能发生的更

大的社会舆论危机，目的就是维持现有的社会秩序，确保现有的利益格局。

头羊市长助理想当然地代表着无数食草动物，通过各种渠道，网罗食草动物精英，妄图建立一个食草动物联盟，实现食草动物的利益最大化。为此，不惜雇佣刺客，有选择地用"午夜嚎叫"攻击食肉动物，制造社会恐慌，不断煽动食草动物和食肉动物之间的种族差异，获取政治利益。终于，她利用朱迪初次破案的成果，成功搞垮了狮心市长，成为疯狂动物城的首席执政官。

大先生是深居简出的黑帮老大，控制着地下交易，掌握着地下资源，但他有恩必报，公道仗义，大家都十分尊敬他。直到有一天，他的花匠和司机

都中了"午夜嚎叫"的毒,他察觉到有一股势力开始向自己的地盘渗透。恰好朱迪又救了他的女儿,大先生便动用资源,帮助朱迪查清了案情。

每个动物都在努力实现着自己的正义。但不同的正义,又代表着不同的偏见,代表着不同的局限性。正如朱迪在最后的演讲中所说:"我们都有局限性,都会犯错,但是乐观点来说,我们也都很像。我们越是努力了解别人,越会变得出色,但凡事都要去尝试,不管你是什么类型的动物,从巨大的大象到第一只狐狸警官,我恳请你们,努力尝试,让世界变得更美好。审视自己的内心,从改变自己开始,从我做起,从我们做起。"

电影对对碰

一、观影准备

在电影的最后,重归和平的动物城举行了一场演唱会。超级巨星夏奇羚在台上唱了一首《尝试一切》。这首歌正符合画外音在说明的电影主题:每种动物都有缺陷,但这不应是物种间的鸿沟。想要跨越物种差异,唯一的办法是努力尝试,不放弃交流。伴随着音乐,不同动物在舞台下携手起舞。

二、电影沙龙

1. 朱迪是一个怎样的兔子?在影片中,她的哪些言行、遇到的哪些事件给你留下了深刻的印象?

提示:朱迪是一个温顺的小兔子,家族世代在兔窝镇种胡萝卜,为了实现当警察的梦想,她付出了很多努力。

在影片中,朱迪展示了她的哪些天赋呢?天生的奔跑能力、超强的跳跃能力、灵敏的听力、敏捷的身手、仔细的观察能力、准确的模仿能力、熟练的科技运用能力,再加上永不放弃的信念,成就了一段英雄旅程。

在影片中,朱迪遭遇了哪些关键事件呢?一是第一次遇到尼克,他对朱迪幼稚梦想的准确解读和无情嘲弄,让朱迪对自己的人生目标产生了怀疑。二是救了大先生的女儿,得到了黑帮势力的鼎力协助。三是在缆车桥上的关键时刻救了尼克,得到了尼克的信任,尼克开始主动帮助朱迪。四是记者招待会的无心之举,造成了食肉动物和食草动物的撕裂与对立,开始反思自己以往的人生立场。五是返回兔窝镇,与狐狸吉迪恩·格雷成功和解,彻底消除了童年阴影,并发现"午夜嚎叫"的秘密。六是主动向狐狸尼克道歉,争取他的谅解和帮助。七是与尼克成功上演食肉动物发狂攻击食草动物的戏码,套出头羊市长助理的口供。

朱迪是一个有梦想,并为之永不放弃的人,影片中,正是因为她的执着和努力,城市变得更美好。

2. 尼克是个怎样的狐狸?他为什么帮助朱迪破案?他曾经遇到了怎样的童年阴影?

提示:尼克是一个从业20年的狐狸奸商。他有着超强的经济头脑,无本百利的经营手段,处处逢源的人脉网络,拥有极强的逻辑推理能力,具有犯罪心理学分析天赋。在破案过程中，尼克充当的是一个助手的角色。

尼克为什么要帮助朱迪破案呢？一开始，尼克不想管这些闲事，这和他每天赚200元的目标不符。但是朱迪抓住了他的短处，用一只录音笔拉他下水，尼克是以一个线人的身份帮朱迪破案的。后来朱迪救了尼克的命，尼克也赢得了朱迪的信任，所以尼克是以一个朋友的身份来帮朱迪破案的。当朱迪主动承认错误，消除了二人的误解的时候，尼克也主动帮朱迪破案。

尼克和朱迪一样，曾经都是一个有着梦想的孩子。但是遭遇童年阴影后，尼克和朱迪选择了不同的路径。朱迪迎难而上，勇于挑战人生，而尼克嘴上说不要在意其他人对自己的态度，不要让其他人的情绪影响自己，但实际上尼克就是按照其他人的观念活成了一个奸诈、狡猾的狐狸游商，在种种制度和规则间谋取暴利。但9岁以前的尼克不是这样的孩子，他勇敢、乐观、向往正义，愿意放弃一切去参加童子军，但是一群食草动物小伙伴伤害了他，使他彻底失去了安全感和归属感，那一夜，肯定很难熬。于是，狡猾、奸诈、无利不图成为尼克的保护色，让自己强大的同时，不会受伤害，但再也没有知心的朋友了。案子破了，尼克也成了一名真正的警察，解开了自己23年的心结，实现了自我救赎。

3. 在影片中，还有哪些人、哪些事让你印象深刻？

提示：整部电影充斥着不同物种、不同文化、不同阶层之间的偏见。食草动物认为食肉动物有攻击性，兔子认为熊、狮子、狼、黄鼠狼和狐

狸要重点警惕，但最后伤害朱迪的动物却是羊。大型动物认为小型动物没有用，公牛、大象、犀牛、狮子、老虎等警官，没有谁认为兔子能成为合格的警官，但是兔子朱迪用实际行动证明了她能破悬案。

朱迪就是轻易地相信了精神病院蜜獾医生的观点，没有认真思考

论证，让朱迪相信这个观点的其实是朱迪的成长经历中有过被狐狸攻击的童年阴影，加上兔爸兔妈的文化灌输，她轻易就认同了这一观点。而和她同时在场的尼克，则认为这个观点不值一提。

电影中夏奇羚说："希望以前那个疯狂、美丽、多样化的城市重新回来，让大家为不同而骄傲。"夏奇羚呼唤和平，呼唤包容，抵制纷争，抵制对抗，这启示我们也应该摘掉偏见的有色眼镜，以更加包容的心态看待世界。

三、趣味活动

1. 了解一下《疯狂动物城》背后的故事，画几张海报介绍给其他人。

提示：该片中有几十种动物，大家画一画自己喜欢的动物。

2. 了解疯狂动物城的城市规划。

提示：这座城市是由动物设计，包含了雨林、沙漠、冰原等不同区域。城市建筑缺少玻璃、混凝土、钢铁等材质,取而代之的是树木、花草、沙石、冰块等大自然赋予的天然原料。

动物城的世界里,人类从未存在过,是一个只有动物存在的现代文明世界,素食和肉食等不同种族的动物们和平相处在同一座城市里。

 **拓展延伸**

1. 人物想象。

根据影片中的情节,设想一下:朱迪若干年后会成为什么角色?她会如何继续实现自己的梦想以维护疯狂动物城的基本秩序?

提示:要注意在合理想象的框架内,多提供人物具体的言行细节,这样才能传递更真实的人物形象。

2. 资源链接。

(1) 人物设计背后的故事。

感兴趣的同学,还可以查阅《疯狂动物城》的官方设定集,了解《疯狂动物城》人物设计背后的故事。

(2) 学唱歌曲《尝试一切》。

影片主题曲动感十足,贴近时代特色,有兴趣的学生可以学唱,从另外一个侧面了解影片。

一国之徽，国之象征
电影《国徽》

□ **李武铭**（山东省东营市胜利孤岛第一小学）

导演：邢树民

类型：剧情／历史

制片国家／地区：中国

上映年份：2013 年

德育主题

国徽，是亿万人民熟悉和崇敬的共和国形象。国徽的设计和完成，是集体智慧的结晶，是人民意志的体现。它凝结着设计者和铸造者的心血，饱含着对中国共产党的爱戴，对社会主义的向往，对新中国的一往情深。

中华人民共和国国徽是中华人民共和国的象征和标志。一切组织和公民，都应当尊重和爱护国徽。

电影赏读

一、情节回顾

电影《国徽》是第一部全景展示新中国国徽诞生全历程的故事片，影片采用双线并进的叙述方式：一方面讲述了梁思成、张仃、高庄等一批艺术家几易其稿，为国徽能够展示民族和国家的鲜明特点而集思广益、反复推敲，最终设计出中华人民共和国国徽；另一方面，突出描绘了沈阳第一机器制造厂以焦百顺为代表的、当家作主站起来的新中国第一代产业工人，在国徽铸造的过程中不断攻克技术难题，将新中国第一面金属国徽挂上了天安门城楼。

新中国尚未成立，新政治协商会议筹备会便决定向全国人民征求国旗、国徽图案和国歌词谱，一时间，全国人民热情高涨，将对新中国的满腔热情投入到各项建设工作中去……

解放军总司令朱德同志，强调黄河、长江和松花江的要素，也设计了国徽图稿送选。北平艺专实用艺术系主任张仃，刚刚设计了中国人民政治协商会议会徽，立刻投入到国徽的设计中。他强调了中国传统文化的元素，强调要把天安门的图案融入国徽设计中。清华大学营建系的梁思成林徽因夫妇，从国名、五星、齿轮、嘉禾、红绶出发，并以中国古典要素中的玉璧、汉镜为参考，把文字和图样有机整合起来。就连沈阳第一机器厂的翻砂工，也用萝卜和铁水，设计了自己想象中的国徽。国徽从设计之初，就是全国人民共同参与的大事。

后来，在国徽筹备组马叙伦先生的建议下，决定以张仃和梁思成夫妇的两个方案为基础，进一步优化，但是在修改设计中，各方的意见不统一，在开国大典时也未能将国徽悬挂在天安门上。最终，毛主席一锤定音，天安门不是封建社会的象征，而是新民主主义革命的开始，周总理建议把小

麦水稻均加入到国徽图案中,把南北统一的意蕴体现其中。

清华大学营建系副教授高庄,承担了国徽浮雕模型的任务,并在最终的定稿方案中,提出自己的意见,对谷穗、绶带的细节进行了优化,为后面的翻砂、铸造打下了模型基础。

沈阳的工人兄弟也没有闲着,修补炼炉、选拔技工、钻研技术、改造坩埚、选运细砂、修改水口,终于在高庄的监督下,铸造出了第一个铝合金国徽。

二、主题解读:国徽的含义

国徽是一个国家的图腾,是一个国家的象征。通过电影《国徽》,我们能够深刻领会国徽中的内涵,从国徽中汲取力量,激励我们不断前行。

国徽的主要图案是五星照耀下的天安门,周围是谷穗和齿轮。四颗小五角星环绕一个大五角星,象征着中国共产党领导下的全国人民的大团结。

在电影中,同学们可以看到一些历史背景,如1948年沈阳解放,1949年新中国成立,全国各族人民都欢天喜地、载歌载舞地进行庆祝,都把这种热情百分百地投入到各项祖国建设中去。新政治协商会议筹备会面向全国征集国歌、国旗、国徽的设计方案,充分体现了人民当家作主的地位。高庄可以修改国家审定的国徽图案,周总理亲自参加国徽浮雕模型的介绍会议，普通铸造工人可以请愿铸造第一面金属国徽。各界人士都热情满满地参与其中。

齿轮和麦稻穗象征着工人阶级领导下的工农联盟。其实不仅仅是工人和农民，在电影中，我们可以看到以梁思成、张仃、高庄、马叙伦为代表的知识分子同样对新中国怀着一片赤诚之心，投入到各项建设工作中去。张仃的政协会徽，梁思成的国徽、人民英雄纪念碑，高庄的国徽浮雕模型，这些都是知识分子为新中国贡献智慧。更不要说沈阳第一机器厂的工人师傅们了，为了第一面金属国徽的铸造，通宵加班，调整工艺流程，高庄甚至亲自到铸造车间与焦百顺等工人同志一起攻克难关。齿轮和麦稻穗不仅仅代表工农联盟，还应该代表更广大的工农兵学商，代表所有新中国的建设者。

天安门是中国历史的代表性建筑，展现着我国悠久的历史文化，是我们伟大、坚强、英雄祖国的象征，同时，也是中国人民反帝反封建的不屈的民族精神的象征。少先队员们要认真领会共产主义接班人的深刻含义，要继承革命先辈的光荣传统，为建设新时代中国特色社会主义事业而不懈奋斗。

电影对对碰

一、观影准备

1. 了解国徽的铸造工艺流程。

《国徽》电影中，金属国徽需要用到砂型铸造，其主要流程包括6个步骤。

（1）模具生产阶段：按照图纸要求制作模具，一般单件生产可以用木模，批量生产可以制作塑料模、金属模，大批量铸件可以制作模板。

（2）混砂阶段：按照砂型制造的要求及铸件的种类不同，配制合格的型砂，以供造型所用。

（3）造型（制芯）阶段：包括了造型（用型砂形成铸件的形腔）、制芯（形成铸件的内部形状）、配模（把泥芯放入型腔里面，把上下砂箱合好）。造型是铸造中的关键环节。

（4）熔炼阶段：按照所需要的金属成分配好化学成分，选择合适的熔化炉熔化合金材料，形成合格的液态金属液（包括成分合格、温度合格）。

（5）浇注阶段：把合格的融熔金属注入配好模的砂箱里。浇注阶段危险性比较大，要特别注意。

（6）清理阶段：浇注后等融熔金属凝固后，把型砂清除掉，打掉浇口等附设件，就形成所需要的铸件了。

到三十里铺拉细砂就是为了在混砂阶段使用，高庄制作的木模，主要是为了造型制芯，改造水口主要是为了优化浇注过程的凹陷，让最后浇筑的先凝固。电影中如实还原了沈阳第一机器厂改造工艺的各个细节，非常真实，让观众感受到了工人阶级的力量。

2. 梁思成、林徽因夫妇。

梁思成、林徽因夫妇参与了国徽的设计，有兴趣的同学可以看纪录片《梁思成与林徽因》，了解他们的故事。

3. 了解中国人民政治协商会议。

中国人民政治协商会议第一届全国委员会第二次会议于 1950 年 6 月 14 日至 23 日在北京举行。会议同意国徽审查组代表马叙伦关于国徽图案审查意见的报告，并通过了国徽图案，建议中央人民政府委员会采用。

二、电影沙龙

1. 梁思成是一个怎样的知识分子？在影片中，他的哪些言行给你留下了深刻的印象？

提示：梁思成是一名优秀的建筑学者，能够承担国徽的设计，他感到十分荣耀，不顾身体病痛，仍然坚持设计和修改图稿，最终设计出融合传统和革命、庄严华美、尽显大国风范的国徽。

2. 焦百顺是个怎样的人？作为一名铸造工人，他为什么要为天安门铸造第一面金属国徽？

提示：焦百顺是沈阳第一机器厂铸造车间的工段长，是一名技术精湛的铸造工人，他和他的工友们一写请愿书，二写请战书，成立国徽攻关小组，克服了材料、工艺等困难，终于为新中国铸造出了合格的金属国徽，悬挂于天安门上。他的想法很简单，

新中国人民当家作主，就要用自己的双手，为新中国的国徽贡献一点力量。当顾书记宣布光荣的铸造任务时，焦百顺激动地说出了自己的心声："共产党拿咱当人看，解放后，自己觉得自己是个人了，国家让咱做国徽，这是瞧得起咱，这是给自己家做事，咱不做谁做？"这是最朴实的话语，也是最崇高的社会主义主人翁精神，道出了工人阶级舍我其谁的气魄。

3. 在影片中，还有哪些人哪些事让你感受到了爱国主义精神？

提示：朱德总司令在百忙之中，也积极参与到国徽的设计中。高庄为国徽制作废寝忘食，累出了脑梗，眼睛短暂性失明。戚永福独自连夜开车从大连三十里铺拉回了细砂，解决了国徽铸造的原料问题，累倒在卡车前。顾书记亲自到炉膛内修补耐火砖，凿下铁疙瘩，晕倒在炉膛里。新中国正是在每代人的辛勤努力下，才取得了令世人瞩目的成就。

三、趣味活动

1. 了解国徽的象征和含义。

中华人民共和国国徽，中间是五星照耀下的天安门，周围是麦稻穗和齿轮。中华人民共和国国徽上的图案均有其象征意义。中华人民共和国的国徽象征着中国人民自五四运动以来的新民主主义革命斗争和工人阶级领导的以工农联盟为基础的人民民主专政的新中国的诞生。

四颗小五角星环绕一个大五角星，象征着中国共产党领导下的全国人民的大团结；齿轮和麦稻穗象征着工人阶级领导下的工农联盟；天安门则体现了中国人民的革命传统和民族精神，同时也是我们伟大祖国首都北京的象征。国徽在颜色上用正红色和金黄色互为衬托对比，体现了中华民族特有的吉寿喜庆的民族色彩和传统，既庄严又富丽。

《中华人民共和国国徽法》第十五条：国徽应当作为爱国主义教育的重要内容。中小学应当教育学生了解国徽的历史和精神内涵。

2. 学习绘制国徽。

中华人民共和国国徽图案制作说明：

（1）两把麦稻组成正圆形的环。齿轮安在下方麦稻秆的交叉点上。齿轮的中心交结着红绶。红绶向左右绾住麦稻而下垂，把齿轮分成上下两部分。

（2）从图案正中垂直画一直线，其左右两部分，完全对称。

（3）图案各部分之地位、尺寸，可根据方格墨线图之比例放大或缩小。

（4）如制作浮雕，其各部位之高低，可根据断面图之比例放大或缩小。

（5）国徽之涂色为金红二色：麦稻、五星、天安门、齿轮为金色，圆环内之底子及垂绶为红色；红为正红（同于国旗），金为大赤金（淡色而有光泽之金）。

制作过程中特别要注意选择正确的颜色进行配色。

提示：通过绘制国徽，感受一下当年国徽设计者和铸造者的不容易，尝试用橡皮泥来制作国徽的模型。

 **拓展延伸**

1. 人物想象。

根据影片中的情节，设想一下铸造师傅焦百顺若干年后，站在天安门城楼下，回忆铸造国徽时的场景，他会如何怀念当年在铸造车间中不分昼夜奋斗的场景？

提示：要注意在合理想象的框架内，多提供人物具体的言行细节，这样才能传递更真实的人物形象。

2. 了解国徽设计背后的故事。

感兴趣的同学，可以阅读文章《林徽因在国徽和人民英雄纪念碑设计中对民族形式的探索与追求》，了解更多国徽背后的故事。

3. 电影歌曲《国徽在上》。

电影片尾曲《国徽在上》是一首十分动听的歌曲，歌词能够体现出国徽带给所有中国人的骄傲与自豪，有兴趣的同学可以学唱。

后　记

随着中小学德育影视课程丛书——《超级电影课》的面世，回首课程的整个研发过程，我们的心中充满了激动与感激。

感谢所有热爱影视教育的老师们，感谢晓琳影视课程工作坊的老师和专家们。你们不仅积极参与了本套丛书的编撰，更是将这套课程带进了教室，成为孩子们生命成长中重要的精神营养。正是你们的热情与专业，让这套丛书焕发出生机与活力。

感谢所有热爱影视课程的孩子们。你们将自己的生命叙事与影视故事相互编织，不仅自身获得积极健康的成长，更让电影人物鲜活无限，让电影故事的生命力丰盈而绵长。正是你们的参与投入，让这个课程更加生动与有趣。

感谢所有热爱影视教育的家长朋友们。是你们的信任和支持，给了影视教育无限的可能。正是因为有了你们的陪伴与鼓励，孩子们才能在光影的世界中畅游，感受艺术的魅力。

感谢北京大学影视戏剧研究中心主任、教育部"长江学者"陈旭光教授，上海戏剧学院电影学院院长、博士生导师、教育部"长江学者"厉震林教授，西北大学电影学院院长、博士生导师、陕西省中小学影视教育协会常务副会长张阿利教授对本套丛书的推荐与支持。

感谢大象出版社对影视教育的倾力支持，感谢梁金蓝编辑十余年来对影视课程的独具慧眼，满满情怀，出版了十余部影视教育图书，形成了课程品牌，助推了影视教育的持续发展。

《超级电影课》，将优秀影视作品与德育融合起来，在立德树人方面发挥了独特功能。在设计课程时，我们引用了电影的部分剧照，以帮助孩子们理解故事情节，深化教育主题。感谢济南鸿景影视文化传媒有限公司出品发行的电影《麦豆的夏天》、华夏电影发行有限责任公司出品发行的电影《我和我的祖国》、峨眉电影制片厂出品发行的电影《红衣少女》、西安梦想流坊影视文化传媒有限公司出品发行的电影《信·守》等免费授权我们使用剧照和海报。不过，由于多种原因，我们暂时无法联系上部分影视作品的版权方，对此深感遗憾并表示诚挚的歉意。如版权方看到本套丛书，请与我们联系，我们将立即支付稿酬，并赠送样书。我们会在未来的工作中更加努力，确保尊重每一位创作者的版权。

最后，我们要感谢所有为这套丛书付出过努力的人们。正是因为你们的支持与帮助，《超级电影课》才得以顺利出版。它见证了我们对影视教育的热爱与坚持，也寄托了我们对孩子们美好未来的期许与祝愿。希望这套丛书能够继续为中小学德育贡献一份力量，为孩子们的成长带来更多的智慧与启迪。

杨爱君　王晓琳